经济管理学术新视角丛书

INSTITUTIONAL ENVIRONMENTS
AND CORPORATE SOCIAL RESPONSIBILITY BEHAVIOUR

制度环境与企业社会责任行为

张会芹◎著

经济管理出版社
ECONOMY & MANAGEMENT PUBLISHING HOUSE

图书在版编目（CIP）数据

制度环境与企业社会责任行为/张会芹著 . —北京：经济管理出版社，2014.12
ISBN 978 - 7 - 5096 - 3542 - 1

Ⅰ.①制…Ⅱ.①张…Ⅲ.①企业责任—社会责任—研究—中国　Ⅳ.①F279.2

中国版本图书馆 CIP 数据核字（2014）第 288790 号

组稿编辑：赵喜勤
责任编辑：张　艳　赵喜勤
责任印制：黄章平
责任校对：超　凡

出版发行：经济管理出版社
　　　　　（北京市海淀区北蜂窝 8 号中雅大厦 A 座 11 层　100038）
网　　址：www. E - mp. com. cn
电　　话：（010）51915602
印　　刷：北京京华虎彩印刷有限公司
经　　销：新华书店
开　　本：720mm × 1000mm/16
印　　张：13. 25
字　　数：201 千字
版　　次：2014 年 12 月第 1 版　2014 年 12 月第 1 次印刷
书　　号：ISBN 978 - 7 - 5096 - 3542 - 1
定　　价：42. 00 元

前　言

近年来，随着以人为本社会价值观的强化，全球各国对企业社会责任的要求已经从呼吁转变成一种具体行动，企业承担社会责任也逐渐成为一股强有力的国际潮流，引起了社会各界的广泛关注。而突发于 2008 年的汶川特大地震，由于灾情之严重、情况之危急、公众和媒体关注度之高等多种原因，就像一味催化剂，一度将公益捐赠这一核心社会责任推到了政府和社会公众面前，也加速了企业社会责任在我国的发展历程。

汶川地震以来，社会各界积极捐款，作为社会主要经济体的企业，无疑成为捐款潮的主角，极大地促进了公益慈善捐赠事业在我国的发展。但是，转轨经济时期的特殊国情和制度背景，是否使得我国企业的捐赠行为表现出与众不同的中国特色？如果存在，这些中国特色表现在哪些方面？这些独具中国特色的捐赠行为背后是否有更深层次的制度原因和社会原因？

带着对上述问题的思索，笔者展开了本课题的研究。在本书的前半部分，笔者着重进行理论框架的构建。通过对企业社会责任行为以及信息披露行为、政企关系等领域文献的梳理与回顾，笔者发现政企关系是我国当前制度环境下正式制度缺失的一种替代机制，也是我国企业对产权保护不力、法律不健全等不利制度环境的一种理性回应。此外，企业社会责任的内涵和外延也是随着社会经济的发展而不断演化的，经济性虽然是企业的主要属性，但是隐蔽在经济性之后的社会性才是企业承担社会责任的根源。因此，对社会责任相关问题进行探讨，都不能忽略社会、文化、伦理等非经济层面因素的影响。

即通过对相关文献的梳理，我们找到了本课题的切入点。在转型经济背景下，我国上市公司的捐赠行为可能就不再是出于纯粹的利他动因，还可能还蕴含有寻求政府保护的政治动因。

在本书的后半部分，笔者以 2008 年度上市公司公布的地震捐赠数额为依据，实证检验在我国特有制度环境下，上市公司的公益捐赠行为现状，以及这种现状背后的原因。研究发现所有权性质（国有控股还是私营控股）显著影响企业的公益捐赠行为。进一步分析发现，产权性质的这种影响来源于产权保护和契约执行力度的地区差异。捐赠数额会显著影响企业的捐赠信息披露行为；企业的政企关系会影响捐赠信息披露行为的选择。政企关系弱的企业，选择的信息披露方式会更积极。最后基于有效市场的信号传递理论，以地震捐款中单独发布"捐款公告"的上市公司为样本，从资本市场投资者角度实证检验了我国 A 股市场投资者是否认同企业的捐赠行为。结果表明，从整体来看，投资者认可企业在地震捐款中的慈善行为，但是这种认可程度还受企业产权性质的影响。

本研究表明公益捐赠不仅仅是抽象的道德问题，而且有其十分复杂的社会、经济甚至是政治背景。在国内，由于经济体制的不完善以及产权保护和契约实施力度的地区发展不均衡，公益捐赠甚至被企业作为寻求政企关系的一种手段。即现阶段我国企业的社会责任行为具有明显的制度烙印和时代特征。该结论有助于解释当前我国企业出现的社会责任行为异象，进而寻求企业社会责任在我国健康发展的制度诉求，构建基于利益相关者合作共赢的社会责任行为模式，实现企业与社会的和谐发展。

本书的特色表现为独特的研究视角：本书从我国特有的转型经济和新兴市场等制度环境出发，重点关注产权性质这个具有中国特色的公司治理因素对企业社会责任，尤其是公益捐赠行为的影响。深入探讨了政企关系作为一种替代性的非正规机制，在我国转型制度背景下存在的合理性与必要性，使本书的研究更具有现实意义。

　　丰富的研究内容：在社会责任研究方面，本书突破已有文献通过构建社会责任信息披露指数，对企业社会责任履行情况进行多方面综合研究的做法，基于企业社会责任的某一方面——慈善捐赠，结合我国汶川地震捐款的特定事件，系统研究我国上市公司的公益捐赠行为、捐赠信息披露行为以及社会公众对这些行为的认可程度，丰富和拓展了民营企业政治联系的相关研究。

张会芹

2014 年 8 月

目　录

第一章 导 论

第一节 研究背景

企业社会责任是 20 世纪以来西方学术界开始探讨的重要问题，具有较高的理论价值和实践意义，成为经济学、管理学、社会学、法学等学科共同关注的热点问题。

近年来，随着以人为本社会价值观的强化，各国对企业社会责任的要求已经从呼吁转变成一种具体行动，企业承担社会责任也逐渐成为一股强有力的国际潮流，引起了社会各界的广泛关注。而突发于 2008 年的汶川特大地震，由于灾情之严重、情况之危急、公众和媒体关注度之高等多方面原因，就像一味催化剂，再一次将公益捐赠这一核心社会责任推到了政府和社会公众面前，也加速了企业社会责任在我国的发展历程。

汶川地震以后，社会各界积极捐款，作为社会主要经济体的企业，更是这股捐款潮的主角。作为企业承担社会责任的有效方式，公益捐赠在我国也得到了极大的发展。但是，我国转轨经济的特殊国情，又使得与西方发达国家相比，我国企业的捐赠行为表现出与众不同的中国特色。这些独具中国特色的捐赠行为背后有着更深层次的制度原因和社会原因。

第二节　研究目的

本书着重探讨在我国由计划经济向市场经济过渡的特殊转轨时期，尤其是市场经济的"无形之手"在经济资源配置领域尚未完全发挥作用，而政府的行政审批仍在关键资源领域发挥作用的制度背景下，我国上市公司的社会责任履行状况以及以社会公众为主的利益相关者对企业行为的看法。

截止 2009 年 9 月我国资本市场共有 1500 多家上市公司，在 2008 年的汶川地震中，共有 900 多家企业实施了捐赠①，是什么因素决定了上市公司是否捐款，捐赠多少；在 900 多家捐款的上市公司中，只有 200 多家在有关网站②以捐款公告的形式予以及时披露。那么又是什么因素决定了捐款企业采取不同的信息披露方式；基于自愿性信息披露框架，公司管理层主动披露地震捐款信息，想要向市场传递什么信号，以投资者为主的利益相关者是否消化吸收了这种信号，即我国现行资本市场的投资者是否认可企业的捐赠行为以及与此相关的信息披露行为。

第三节　研究思路

本书的研究思路如图 1-1 所示：

首先，本研究的逻辑起点是我国经济转型的特殊制度背景。产权保护不力，法律不健全，限制了部分企业的发展，政企关系作为正式制度缺失的一

---

① 我们的统计基于年报的数据，可能有一些上市公司进行捐赠但是未进行披露，由于无法获取准确数据，本书未能加以考虑。

② 指我国证监会指定的上市公司信息披露平台：巨潮资讯网。

种替代机制，有其存在的合理性与必要性，是企业对不利制度环境的一种理性回应。

其次，基于民营经济在我国转型制度背景下发展的不利现状以及我国政府对证券发行的特殊制度安排，本书选取产权性质和上市年限两个因素来衡量企业政企关系的强弱。

政治动因是本书的核心概念，我们对上市公司政治动因的衡量逻辑是：政企关系弱的企业，更急于和政府建立联系。作为企业履行社会责任的主要方式，公益捐赠行为是企业建立政企关系的一种途径，而突发的汶川地震则为这些企业提供了现实机会。因而，汶川地震中，政企关系弱的公司，其捐赠行为和信息披露行为在某种程度上并非出于纯粹的利他动因，还可能蕴含着寻求政企关系的政治动因。

因此，我们认为政治动因会影响上市公司的捐赠行为以及捐赠之后的信息披露行为。具体表现就是政企关系较弱的民营上市公司在汶川地震中的捐赠意愿更强，捐赠之后会采取更积极的信息披露方式，以引起政府和公众的关注。但是这种政治动因也会影响资本市场投资者等主要利益相关者对公司捐赠行为的认可程度。

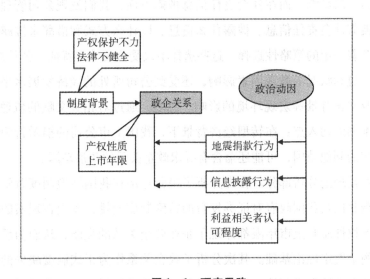

图1－1　研究思路

第四节　研究内容

本书重点研究汶川地震背景下，我国企业的公益捐赠行为、捐赠信息披露行为以及利益相关者对这些行为的认可程度。同时结合企业的产权性质进行实证分析，以找出这些行为的动因与影响机理。

具体而言，本书的研究内容可以分为以下几个方面：

第一章是导论。

第二章，我们对政企关系和社会责任行为及其信息披露的有关文献进行了梳理。通过文献回顾，发现政企关系是对正式制度缺失的一种替代机制，是企业对产权保护不力、法律不健全等不利制度环境的一种理性回应。同时，企业社会责任的内涵和外延是随着社会经济的发展而不断演化的，经济性虽然是企业的主要属性，但是隐蔽在经济性之后的社会性才是企业承担社会责任的根源。因此，对社会责任问题的探讨，不能忽略社会、文化、伦理等非经济层面因素的影响。而在社会责任信息披露方面，我们发现公司管理层在决定是否披露社会责任信息、披露什么信息、以什么方式和措辞来披露信息时，都暗含着一定的策略性选择。这些选择不仅受公司治理特征、公司规模、债务水平、盈利状况等微观因素影响，还受到公司所处的经济发展水平、政治环境以及文化背景等宏观环境的影响。总之，通过对相关文献的梳理，我们找到了本书的切入点：在转型经济背景下，我国上市公司的捐赠行为不再是出于纯粹的利他动因，可能还蕴含有寻求政企关系的政治动因。

第三章是理论分析部分。首先分析了民营经济在我国转型制度背景下发展的不利现状以及我国政府对证券发行的特殊制度安排，发现在现实的制度环境下，产权性质和上市年限都体现了企业政企关系的强弱，从而为后文政治动因的衡量奠定理论基础。其次分析了政企关系作为正式制度缺失的替代机制存在的合理性和必要性。最后是对慈善捐赠的探讨。随着公司捐赠意识的改变，企业的捐赠理念和捐赠行为也表现出了不同的阶段性特征。纯公益性的利他动因（或道德动因）、利己性的经济动因以及将慈善与公司战略结合的双赢动因是国内外企业慈善捐赠行为演变的相似路径，但是政治动因却是处于经济转型国家的企业所特有的。即在我国特定制度背景下，企业的捐赠行为被赋予了特殊功能，是企业寻求政企关系、获得社会认可的现实选择。

第四章，着重探讨了我国企业慈善捐赠行为背后的政治动因。企业社会责任理论（Corporate Social Responsibility Theory）以及由此拓展的利益相关者理论（Stakeholder Theory）构成了公益慈善捐赠的理论基础。本章探讨了公益捐赠在西方国家的发展情况，并详细比较了我国公益捐献的发展现状。发现在捐赠数额、捐赠领域、捐赠动机以及善款的分配和使用等方面，我国企业都存在一定的差异，而这种差异主要源于我国转型经济的特殊制度背景。成熟慈善文化的缺失约束了企业的慈善理念，使得我国企业的捐赠行为表现出独特的政治动因。

在实证部分，我们以 2008 年度上市公司公布的地震捐赠数额为依据，研究在我国特有制度环境下，上市公司的公益捐赠行为现状，以及这种现状背后的原因。研究表明：①所有权性质（国有控股还是私营控股）显著影响企业的公益捐赠行为，私营企业捐款的积极性更高。②进一步分析发现，产权性质的这种影响来源于产权保护和契约执行力度的地区差异。在政府干预程度较高地区，契约执行力度弱，私营企业的产权得不到应有的保护，作为替代机制，私营企业主更愿意通过公益捐赠谋求和政府建立关系，以寻求政府的保护。另外，我们以企业上市时间作为企业政企关系的替代变量进行分样本检验，研究发现上市时间对私营企业捐赠行为的影响显著，而对国有企业的影响不明显。进一步表明私营企业捐赠背后隐含着政治动机，而这种动机源于我国转型经济背景下产权保护不力。

第五章，从信息披露的角度探讨企业捐赠行为背后的政治动因。现代企业普遍存在的代理问题是企业信息披露的理论基础，而受托责任论、外部压力论、政治经济论、社会契约论等则构成了社会责任信息披露特有的理论基础。在此基础上，分析了我国企业社会责任信息披露的现状，并以汶川地震中上市公司对捐款信息的披露为例，根据信息披露时间和披露方式的不同，探讨了信息披露行为背后蕴含的政治动因。

本章从实证的角度分析了我国上市公司捐赠信息披露的影响因素及这种现象背后蕴含的政治动因。研究表明：①捐赠数额显著影响企业的捐赠信息披露行为。一般来讲，捐赠数额越大，企业选择的信息披露方式越积极。②企业的政企关系影响捐赠信息披露行为的选择。政企关系弱的企业，选择的信息披露方式更积极。证明了私营上市公司信息披露行为背后蕴含着政治动因。

第六章，基于利益相关者的视角对企业的社会责任、社会认同度进行了分析。作为企业主要的利益相关者之一，政府监管部门通过出台旨在规范企业社会责任行为的系列政策，表明对社会责任问题的认同。而作为资本市场主体的上市公司，也通过发布内容翔实的社会责任报告向公众表明自己的认同。投资者则基于"社会责任投资"理念，通过选择那些积极履行社会责任的公司，来引导资本市场的资源配置。消费者则以自己在卖方市场"上帝"的绝对权威，创造了王老吉在各地超市断货的神话，表明了自己对社会责任的坚决支持。社会公众作为不确定的大多数，通过网络媒体、社会舆论等有形或无形的约束力量对企业的不负责任行为施加压力，以不一样的方式表明了自己的认同。

基于有效市场理论和信号传递理论，本书以地震捐款中单独发布"捐款公告"的上市公司为样本，从资本市场投资者角度实证检验了我国 A 股市场投资者是否认同企业的捐赠行为。结果表明，从整体来看，投资者认可企业在地震捐款中的慈善行为。但是其认可程度还受企业产权性质的影响，产权性质的影响则源于政府干预程度的不同。在政府干预程度较高的地区，产权保护、法制健全程度较低，作为替代机制，民营企业寻求政府政治保护的动机越强。这种捐赠行为背后的政治动因也影响了投资者的认可程度。

总之，本书的研究表明，公益捐赠不仅仅是抽象的道德问题，而且有其十分复杂的社会、经济甚至是政治背景。

本书预期有以下创新点：

其一，在研究视角上，以政治动因为切入点，使有关公益捐赠行为的研究更加丰富。从我国特有的转型经济和新兴市场等制度环境出发，重点关注产权性质这个具有中国特色的公司治理因素对企业社会责任，尤其是公益捐赠行为的影响。深入探讨了政企关系作为一种替代性的非正规机制，在我国转型制度背景下存在的合理性与必要性。而参与公益捐赠正是企业家寻求政企关系的现实途径，从逻辑上论证了民营企业捐赠行为背后蕴含着一定的政治动因，使本书更具有现实意义。

其二，在研究内容上，丰富和拓展了民营企业政治联系的相关研究。本书的研究表明，在我国，公益捐赠是民营企业建立政治联系的现实选择，而建立政企关系，有助于克服法律、产权和金融发展等制度落后和政府失灵对企业发展的阻碍。所以，在某种意义上，民营企业建立政治联系是对制约企业发展的制度环境的一种理性回应。

其三，在社会责任研究上，突破已有文献通过构建社会责任信息披露指数，对企业社会责任履行情况进行多方面综合研究的做法，基于企业社会责任的某一方面——慈善捐赠，结合我国汶川地震捐款的特定事件，系统研究我国上市公司的公益捐赠行为、捐赠信息披露行为以及社会公众对这些行为的认可程度。深入探讨了公益捐赠系列行为背后蕴含的政治动因，在我国转型制度背景下，由于政企关系的先天缺失，积极参与社会公益事业正是企业家寻求政企关系的现实途径。

第二章　文献综述

第一节　企业社会责任的概念及其内涵

一、企业社会责任的概念界定

企业社会责任思想自提出之日起就是一个充满争议的话题。理论界围绕"企业到底是否应该承担社会责任"曾展开过激烈的论战。本书首先对社会组织以及著名学者对社会责任概念的界定进行梳理，希望借此把握社会责任思想的发展脉络。

早在 1916 年，美国经济学家 Clark 就提出企业社会责任思想。1924 年，美国学者 Oliver Sheldon 在其著作 "*The Philosophy of Management*" 中提出了"公司社会责任"的概念。从可查阅的资料获知这是迄今为止对"企业社会责任"的最早描述。他把企业社会责任与公司经营者满足产业内外各种人类需要的责任联系起来，并认为企业社会责任含有道德因素。此后，社会责任概念引起了国际性商业组织的关注。

世界商业可持续发展委员会（WBCSD）对企业社会责任下的定义是："企业对经济可持续发展、员工及其家庭、当地社区与社会做出贡献，从而提高人们的生活质量。"美国商业与社会责任协会（BSR）认为"企业社会责任主要是指公司在考虑道德价值，遵守法律规定，尊重人民、社区和环境的情况下开展经营活动"。

美国国际商业委员会（USCIB）认为，企业社会责任是指公司对其社会角色所担负的责任，这些责任是基于自愿基础并高于相关法律的要求，有利于保证公司的生产经营活动对社会产生积极影响，主要涉及公司商业道德、环境保护、员工待遇、人权和社会公益行动等问题。

可见，主流国际组织倾向于将企业经济活动之外的商业道德、环境保护、员工安全等因素纳入社会责任体系，强调公司的社会角色。

相关领域的许多知名学者对社会责任的概念进行过界定。

除了 Clark（1916）和 Sheldon（1924）给出的社会责任概念外，1953 年，被称为"企业社会责任之父"的 Howard R. Bowen 在《商人的社会责任》一书中将企业社会责任定义为"商人按照社会的目标和价值，向有关政策靠拢、作出相应的决策、采取理想的具体行动的义务"。

Votaw 指出，企业社会责任"是一个精妙的词汇，它有所指，然其内涵在不同人的心目中又并非总是一致。许多人仅将其与慈善捐赠等而视之，某些人则以为它意指社会良心，众多这一提法的热烈拥护者只把它视为正当性的同义语，另有少数人将其看作一种信义义务———一种赋予商人的比加于一般民众的行为标准要求更高的义务"。

1975 年，Davis 和 Blomstrom 在《经济与社会：环境与责任》一书中，给社会责任下了一个更为明确的定义，他们称"社会责任是指决策制定者在促进自身利益的同时，采取措施保护和增进社会整体利益的义务"。

1979 年，著名学者 Carroll 给出了一个综合性的定义，似乎是对这一阶段企业社会责任概念的争论作了一个总结，他认为企业社会责任是指在给定的时间内社会对组织所具有的经济、法律、伦理、慈善方面期望的总和。此概念之后得到了广泛认可。

Hopkins 给出的定义是："企业社会责任是企业以道德的和负责任的，即社会可接受的方式对待利益相关方。"

当然，也有对此持反对意见的。Friedman（1962）在其著作《资本主义与自由》和《企业的社会责任是增加其利润》中指出，企业负有一项且仅负有一项社会责任，这就是在游戏规则许可的限度内，倾其所能，利用所控制的资源，从事旨在增加利润的活动，或者说无欺诈地参与经济竞争。Levitt（1958）在《企业社会责任的危险》一文中谈道："企业承担社会责任是一种危险的行为……追求利润是企业的责任，而解决社会问题则应该是政府的责任。"Hayek（1969）也认为，企业唯一的目的是作为出资人的受托者赚取长期利润，若将资金用于追求长期最大利润以外的目标，就会赋予企业十分危险的权力，所以，他主张企业应只对股东尽义务。这实质上是向国际主流社会的认识进行挑战。

由此可见，"企业社会责任"是一个复杂的概念，正是在众多国际组织以及专家学者的广泛争论与探讨中，企业社会责任的概念才得以逐渐明晰的[1]。

20 世纪末，随着我国改革开放政策的实施，国内学者开始接触到西方的社会责任理念，并在这方面进行了有益的探索。

卢代富（2002）认为，所谓企业社会责任，是指企业在谋求股东利润最大化之外所负有的维护和增进社会利益的义务。

陈炳富、周祖诚 2008 年对企业社会责任进行了广义和狭义的区分，认为广义的社会责任包括经济责任、法律责任、道德责任和其他一些企业应对社会所尽的义务，狭义的社会责任仅指企业的道德责任。

张帆（2005）从经济学外部性概念入手，认为企业社会责任的实质就是当企业的私人成本与社会成本发生背离时，企业需要承担的边际社会成本。当企业行为引发负的外部性时，政府管制并不是唯一的解决途径，而通过采取庇古税等微观规制和可交易的污染许可证等私人解决办法，可以将外部性成本内在化。

陈永正（2005）则指出，以往的主导观点认为企业社会责任是指"法律责任"、"道德责任"，在本质上将企业社会责任归结为义务的观点是错

---

[1]　http://baike.baidu.com/view/160938.htm。

误的。他认为企业社会责任不是抽象的道德和义务，而是社会环境和企业互动关系客观变化的历史趋势。企业社会责任形成的初始动力来自企业自身与外部社会相互博弈选择的结果，是社会运动迫使企业"按照社会大众的共同价值观所形成的道德准则进行行动的结果，而不是企业自身道德意识的产物"。

田昆儒等（2007）从社会学角度分析，认为企业不仅是一种经济存在，而且是一种社会关系的集合体。社会伦理观和价值观的完善要求企业存在的意义应不仅限于提高经济效益，还应提高社会效益，并承担必要的社会责任，还将会计从传统的微观领域引入社会责任领域。

李伟阳、肖红军（2011）基于探究什么样的企业行为能够最大限度地增进社会福利的视角，给出了企业社会责任的"原定义"："在特定的制度安排下企业有效管理自身运营对社会、利益相关方、自然环境的影响，追求在预期存续期内最大限度地增进社会福利的意愿、行为和绩效。"

综上可知，企业社会责任概念的内涵和外延是随着社会经济的发展而不断演化的。企业社会责任并没有在企业产生之日就为社会所重视，相反却是在企业诞生多年之后才逐步兴起的。由于工业发展所导致的各种社会问题的凸显，将企业的经济职能与社会职能对立起来，社会公众对企业承担社会责任的呼声也越来越大。究其原因，经济性虽然是企业的主要属性，但是隐藏在经济性之后的社会性才是企业承担社会责任的根源。只是社会性一开始隐藏在企业的经济性目标之中，并为经济性所遮蔽。之后随着经济发展和企业规模的扩大，企业与社会互动的频繁，企业的社会性才逐渐被各界重视起来。

经过漫长的演化与思想争辩，目前理论界基本达成共识，对企业是否需要承担社会责任也取得了一致的看法：企业除了具有作为一个经济主体追求自身经济利益的行为，作为社会主体，还应具有为社会创造更大的价值、谋求更大社会福利的义务。争论的焦点进一步转移到"企业应该如何承担责任，企业履行社会责任好坏的衡量标准是什么"。西方学者曾指出，"研究企业社会责任，焦点放在经济方面将会付出很大的代价"，社会责任理论及实践的发展历程也说明了在社会责任方面，社会因素重于经济因素。因此，本书认为对于社会责任问题的探讨，无论是在规范还是实证方面，都不能忽略社会、文化、伦理等非经济因素层面的影响。

二、企业社会责任的内容及其层次性

随着社会责任概念的演进，企业社会责任的表现形式和实现方式也经历了由单一化到多样化、差异化的过程。早期的社会责任集中于企业对社会的慈善捐赠行为，表现为一种自愿提高社会福利的行为。基于这一逻辑起点的企业社会责任观凸显了道德维度，认为社会责任是企业基于更高的道德追求而做出的自愿奉献，但它将社会责任视为对企业盈利目标所做出的牺牲，从而将企业盈利目标与履行社会责任对立起来。

随着企业规模的不断扩大，企业的社会影响力逐步增大，企业与社会的互动逐步加强，企业社会责任也由关注慈善捐助扩展为企业对员工、债权人以及对自然环境的责任。国内外学者对企业社会责任应该包含的内容进行了多角度、多层次的分解和论证。

世界著名的瑞士达沃斯经济论坛曾经对企业社会责任内涵做了一个较为全面的阐释，认为其应当包含四个层面：一是好的公司治理和道德标准，主要包括遵守法律、共同规则以及国际标准，防范腐败贿赂，对消费者和客户负责；二是对人的责任，主要包括员工安全计划、就业机会均等，反对歧视、薪酬不公平；三是对环境的责任，主要包括维护环境质量、使用清洁能源、共同应对气候变化和保护生物多样性；四是对社会发展的广义贡献，主要指广义的对社会和经济福利的贡献，如传播国际标准、向贫困社区提供要素产品和服务，如水、能源、医药、教育和信息技术等，这些贡献可能成为企业核心战略的一部分，成为企业社会投资、慈善或者社区服务行为的一部分。

Carroll 曾对社会责任进行了经典概括，指出企业社会责任不是独立责任，而是一个体系，是社会在一定时期对企业提出的经济、法律、道德和慈善四种期望。并指出组成企业社会责任的四大部分并非等量齐观，而是依次给经济责任、法律责任、伦理责任和自愿责任赋予4-3-2-1的相应权重，这一权数关系后来被称为"卡罗尔结构"（Caroll's Construct）。其中经济责任和法律责任是社会要求的（Required），道德责任是社会期望的（Expected），而慈善责任是社会愿望的（Desired）。并在此基础上提出了对社会责任研究具有深远影响的金字塔模型。

金字塔模型直观地描绘了企业社会责任各个组成部分之间的关系。经济责任是基本责任，处于这个金字塔的底部；其次是法律责任，主要是社会关于可接受和不可接受行为的法规集成；再次就是企业伦理责任，指企业有义务去做那些正确的、正义的、公平的事情，还要避免或尽量减少对利益相关者的损害；在金字塔的最上层，是慈善责任，寄望企业成为一位好的企业公民。金字塔模型对企业社会责任的研究影响深远，此后很多学者在该理论框架下提出众多的理论及方法。

美国经济发展委员会（CED）也表达了对企业社会责任核心内容的看法，提出"企业的职责要得到公众的认可，企业的基本目标就是积极地服务于社会的需要——达到社会满意"。并具体指出了履行社会责任的三个层次：最内层次是产品、工作和经济增长责任（基本责任）；中间层次是环境保护、善待员工等；最外层次包括企业为提高社会环境应该更多参与的责任（如贫困问题等）。

Lantos（2001）将企业社会责任分为伦理型、利他型和战略型三种形式。其中伦理型责任对应于卡罗尔提出的前三种类型，利他型和战略型责任则是对慈善责任的进一步细分。随后，Dima Jamali（2007）将企业社会责任分为强制型和自愿型两大类，分别对应于前面所提的伦理型责任和慈善责任（见表2-1）。这些提法之间相互对应，且各种企业社会责任的结果有不同表现。

表 2 - 1 企业社会责任内涵

Carroll (1991)	Lantos (2001)	Dima Jamali (2007)
经济责任：股东利润、员工好工作、优质产品和服务	伦理责任：强制性履行经济、法律和道德责任	强制型社会责任
法律责任：遵守法律和商业规则		
道德责任：做正确的事情，公正、公平和避免伤害		
慈善责任：自愿为社会活动贡献时间和资源	利他型责任：不计较经济回报的慈善责任	自愿型社会责任
	战略型责任：同时能够增进利润的慈善责任	

资料来源：侯壮军. 企业社会责任管理的一个整合性框架 [J]. 经济管理，2009 (3).

管理学界基于促进组织有效管理、提升组织效应的视角对社会责任问题展开探讨。哈罗德·孔茨（Harod Koontz）认为，企业的社会责任应包括三个方面：①企业在法律上应尽的社会义务，即基本责任；②为社会利益而约束自身，不因自身利益而损害社会利益，即本职责任；③在相关范围和力所能及的情况下，为社会做出贡献，即相关责任。

国内学者中，屈晓华（2003）、刘亚莉（2007）也表达了类似的思想，将现阶段我国企业的社会责任具体概括为：企业的经济责任、法律责任、生态责任、文化责任和伦理责任，并将企业对社会慈善事业和其他公益事业的责任纳入企业的伦理责任范畴。

可见，国内外学者大多将企业的公益捐赠行为归为伦理道德层面的责任，认为其源于经济责任和法律责任，却又高于经济责任和法律责任，是一种面向全社会公众的更高层次需求，是企业在经营管理活动中，在处理内外部关系时，应当遵守的符合整个社会道德要求的行为规范与价值尺度。

孔令军（2008）认为企业伦理责任产生于企业社会责任之中并对企业社会责任加以进一步规范；同时指出，狭义上的企业社会责任就是指企业的伦理责任。因为从企业责任内容来看，经济责任是企业必然会追求的，它具有自发追求性；法律责任是企业必须要遵守的，它具有强制负担性；而企业伦理道德责任则是企业自身自觉的活动，完全依靠企业的良知。早期的企业社会责任只包括经济责任与法律责任，但是随着企业生产经营过程中社会问题的增加，迫切需要拓展企业社会责任内涵，于是伦理道德责任应运而生，并成为企业社会责任的重要内容。

对此，亚当·斯密早在其名著《道德情操论》中就给出了精辟论述："人在追求物质利益的同时，要受道德感念的约束，不要伤害别人，而是帮助别人。这种'利他'情操永远植在人的心灵里。而且，每个人对这种人类朴素情感的保有和维持对整个市场经济的和谐运行，甚至民族的强盛将是至关重要的。而所谓责任感，正是对这些普遍道德规范的遵守。"

李伟阳、肖红军（2008，2009，2010，2011）基于社会价值本位的逻辑起点，提出了企业社会责任的"元定义"，并创造性地指出企业社会责任本质是新的资源配置机制，即通过创建利益相关方合作机制来创造合作剩余，实现企业发展的经济、社会和环境的综合价值最大化，最大限度地创造社会福利。从而跳出财务视野的局限，统一了对该问题的争议，研究结论也更接近实际。

基于上述分析，笔者认为，公益捐赠不仅是一种道德伦理行为，它还涉及捐赠主体间的经济利益关系，是一种集道德、法律和经济于一体的行为。公益捐赠不仅是企业履行社会责任的重要方式，也是企业谋求自身发展的重要战略。

第二节　企业社会责任相关信息披露

一、社会责任与公司绩效的关系

关于企业社会责任信息披露的文献主要集中于探讨社会责任信息披露的

详略程度与公司财务绩效关系。这类文献可以分为以下几类：①企业社会责任与公司财务业绩之间是否存在一定的逻辑关系，如果存在，那么公司社会责任对财务业绩的影响是正向相关还是负向相关；②企业社会责任与财务业绩之间是否存在因果关系，如果存在，因果逻辑表现为什么，是企业社会责任影响财务业绩还是公司财务业绩影响企业履行社会责任，或者两者之间只是存在协同关系。

1. 公司履行社会责任质量越好财务业绩越好

Cornell 和 Shapiro 基于利益相关者理论的"社会影响"观认为公司社会责任与财务业绩之间存在因果关系，因为公司社会责任形成公司的外部形象，公司的外部形象可以是好的或不好的，会导致相应的财务结果。Cornell 和 Shapiro 进一步将这些利益相关者对企业资源的索取权分为显性索取权和隐性索取权，前者如工资合同和产品保证，后者如为客户提供持续的服务和为员工提供工作保障等承诺①。由此，企业的价值不仅仅取决于显性索取权的成本，还同时取决于隐性索取权的成本。而隐性索取权包括公司社会责任在内，如果公司出现对社会不负责任的行为，那么拥有隐性索取权的利益相关者可能就会将这些隐性契约转换为对企业而言成本更高的显性契约。

根据利益相关者理论，公司的其他利益相关者和股东一样对公司有诉求，于是公司就负有社会层面的责任。公司的社会责任就在于满足多种利益相关者要求的程度。通常公司一些对社会有积极影响的行动会提高经营的效率，例如，与员工的良好关系会增加员工的满意度并招聘到更好的员工，这些最终都会带来更好的财务业绩②。Cornell 和 Shapiro（1988）指出，自 Coase 以来，经 Alchian 和 Demsetz、Jensen 和 Meckling 以及 Williamson 等人发展的企业理论，将企业看作一组各种要素投入者和最终产出购买者之间相互联系的

---

① Cornell, Bradford, and Shapiro, Alan C.. Corporate Stakeholders and Corporate Finance [J]. Financial Management, 1988, 16 (1): 5.

② Rowley, Tim, and Berman, Shawn. A Brand New Brand of Corporate Social Performance [J]. Business and Society, 2000, 39 (4): 408.

契约。公司的索偿者不只是股东和债权人，还包括客户、供应商、整体服务和产品的提供者、分销商以及员工等。

相反，公司缺乏社会责任感的行为会影响其他拥有隐性索取权的相关利益者，他们会怀疑公司履约的能力。有良好社会责任行为的公司会发现它们的隐性契约的成本比其他公司要低，所以这类公司就会有更高的财务业绩；相反，不能满足除股东之外的其他利益相关者的期望可能会造成市场的恐惧，相应地，公司的风险溢酬就会提高，最终导致成本上升和（或者）丧失盈利机会。

2. 公司履行社会责任越好（差）财务业绩越差（好）

以 Milton Friedman 为代表的新古典经济学派提出了企业社会责任的权衡假说。权衡假说认为由于资源有限，公司不得不在不同的利益相关者集团之间进行权衡，而公司履行对其他利益团体的社会责任就会影响股东的经济利益，具体表现为增加财务成本、降低财务业绩。因而提出将公司社会责任看作威胁自由社会根基的"颠覆性的学说"。

Milton Friedman 提出，公司管理者对股东，即公司的所有者，负有最大化利润的责任。管理者作为股东的代理人没有权利从事那些不能增加公司盈利的社会责任活动。因此，管理者关注投资者以外的人的利益最终会减少股东的福利。Milton Friedman 的看法得到其他一些学者的支持，例如，Pava 和 Joshua（1996）指出，"我们相信，Friedman 的观点鲜明并且也有一定说服力，他的声音是最响、最清晰也最不妥协的，但绝不是孤单的。有许多经济学家、会计师、公司管理层以及社会批评家或明或暗地持有相同的公司观"①。Benjamin Friedman 在《对利润的作用的新挑战》一书中也承认，Milton Friedman 所代表的"传统观点"仍然占据着主导地位，"标准的教科书的观点就是认为，公司要在生产技术（供应方）和市场条件（需求方）的限制

---

① Pava, Mose L., and Krausz, Joshua. The Association Between Corporate Social – Responsibility and Financial Performance: The Paradox of Social Cost [J]. Journal of Business Ethics, 1996, 15 (3): 322.

下获取尽可能多的利润"①。持这一观点的学者其实也就是支持权衡假说，即认为公司履行社会责任会耗费公司的资源，增加公司的成本，与那些不考虑社会责任的竞争对手相比会处于不利的地位。所以，公司履行社会责任越好，其财务业绩越差。

3. 公司履行社会责任与财务业绩关系不确定

也有部分学者认为，企业社会责任与公司财务业绩之间虽然存在正相关关系，但两者之间的因果方向却正好相反。Preston 和 O'Bannon（1997）是"最早"提出管理者机会主义假说的。管理者机会主义假说认为，当管理者的报酬计划与短期利润和股票价格表现密切相关时，对管理者个人目标的追逐会导致财务业绩和社会表现之间出现负相关关系。

赞成这种观点的学者认为，公司履行社会责任取决于公司能够提供的资源，所以公司社会责任的表现受到公司财务业绩的影响。虽然公司可能希望在任何时候都表现出应有的社会责任感，但是它们能否实现这个愿望以及实际所能采取的行动受到公司资源的约束。所以，并非公司履行社会责任越好，财务业绩就越好；相反，却是公司财务业绩越好，在社会责任方面的表现才越好。McGuire 等人在 1988 年的检验中发现了这种因果关系。

也有研究跳出传统财务绩效视野的局限，提出"企业社会绩效"概念，认为社会责任源于企业对社会风险的管理。例如 Wartick 和 Cochran 曾明确提出，企业社会绩效"将企业与社会关系领域中占主流地位的三大主导方向整合在一起。即与社会责任原则相关的哲学导向，与社会回应过程相关的制度导向，以及与社会议题管理相关的组织导向"，目的是最小化"意外事故"以及制定有效的企业社会政策。

---

① Friedman, B. M.（ed.）New Challenges to the Role of Profit ［M］. Lexington, MA: Lexington Books, 1978.

二、企业社会责任信息披露程度及其影响因素

1. 公司规模与社会责任信息披露

公司规模是公众可见度的重要衡量指标之一，相比于小企业而言，大企业通常所跨地域和产品市场均较广，因此有更广大的利益相关群体（Brammer 和 Pavelin，2004），更容易受到利益相关者的审视并受到社会责任消极行为和负面消息的影响，因此，根据合法性和利益相关者理论，大企业倾向于更多地披露社会责任信息。

政治成本理论认为，公司的规模越大，就越有可能受到政府管制机构、环保团体、媒体、其他社会团体等的关注。因此，规模越大的公司，就越可能披露社会责任方面的信息，表明自己是负责任的公司从而避免受到社会和政府的惩罚。此外，公司的规模越大，其发生事故所产生的影响就越大，就越可能因为各类社会责任问题而招致法律诉讼或者规章制裁。因此规模大的公司更加注重自身的社会形象和信誉，更愿意通过信息披露与投资者进行沟通。

Abbott 和 Monsen 在 1979 年以 ROE 作为衡量公司业绩的指标，使用三值打分法计量公司社会责任信息披露水平，研究发现，规模小的公司其业绩与社会责任信息披露正相关，规模大的公司则负相关。Trotman 和 Bradley（1981）以澳大利亚公司为样本，研究发现规模越大的公司越倾向于高的社会责任信息披露水平。

2. 负债比例与社会责任信息披露

实证会计理论的债务契约指出，假定其他条件不变，企业的负债权益率越高，企业经理便越有可能选择将报告收益从未来期间转移至当期的会计程序。而要使这一处理结果获得中介机构的认可，管理层有动机对特定会计程序的应用背景、依据进行充分的披露，即负债比例与社会责任信息披露水平呈正相关关系。在公司业绩方面，采用净资产收益率（ROE）、总资产收益

率（ROA）、每股收益（EPS）来衡量公司盈利能力。以往实证研究表明，具有较高业绩的公司倾向于披露更多社会责任信息。实证研究发现不同行业间也存在披露水平的差异。从行业的角度看，不同的行业由于公开性、竞争性、技术专业化等各个方面的差异，使得上市公司与广大中小投资者之间信息不对称的程度不同，从而在信息披露方面也表现出差异。

3. 两职兼任与社会责任信息披露

在信息披露问题上，董事长与总经理角色分离有助于增强监督力度，减少扣留信息带来的好处，最终改善信息披露的质量（Forker，1992）。当总经理与董事长两职合一时，将不可避免地导致管理者个人权力的过于集中，并弱化董事会对管理层的监督职能，加重内部人控制，在内部人掌控之下，公司倾向于隐瞒对自身不利的信息，从而对公司信息披露的程度产生不利的影响。例如董事长可以减少或延缓非强制性信息的发布，以掩盖其可能实施的侵蚀其他股东利益的"内部人"败德行为。Adams（1998）对英国和德国化工和制药行业跨国公司进行采访调研，发现公司治理结构对独立社会责任报告的发布具有解释能力。

4. 财务业绩与社会责任信息披露

信号理论认为，高质量的公司会通过向市场传递信号以区别于低质量的公司。高盈利能力的公司更倾向于通过披露更多的社会责任信息以传递其绩优的信号（Cooke，1989）。Forker（1992）的结论显示，业绩因素会促使公司自愿披露更多的信息。业绩好的公司由于信息生产成本相对较低而会增加披露。

Bowman（1978）较早研究了公司特征与社会责任信息披露的关系，研究发现公司业绩与社会责任信息披露具有显著正相关关系。Hackston 和 Milne 等（1996）以新西兰的公司为研究样本，以社会和环境信息页面数和句子数作为社会责任信息披露的代理变量，发现公司行业和规模与社会责任信息披露显著正相关，但是公司当期和前期的利润均与社会责任信息披露无关。

5. 行业属性与社会责任信息披露

Nerissa（2005）通过研究发现，同一行业或同一类型的公司之间的自愿披露行为会相互影响，以至于出现自愿披露的"行业羊群行为"（Herding Behavior），即公司的自愿披露决策与其他同行业公司的自愿披露行为正相关。刘昱熙（2007）认为在社会责任信息披露方面，行业内部的各个上市公司之间会产生一种示范效应，当一个公司率先详细撰写"社会责任报告"并在年报中公布该信息时，其他上市公司往往会效仿。王立彦等（1997）以环境敏感型上市公司为样本，实证研究结果表明环境信息披露存在显著的年度、地区和行业差异，上市公司资产周转率与信息披露质量负相关，资产规模、资本结构等因素也有显著影响。沈洪涛（2007）以1999～2004年在上海和深圳证券交易所上市交易的石化塑胶行业公司作为研究样本，通过构建基于年报内容分析的社会责任信息披露指数，实证检验在自愿性信息披露框架下，公司特征与社会责任信息披露之间的关系，结果表明：规模越大、盈利能力越好的公司越倾向于披露公司社会责任信息。

6. 股权性质对社会责任信息披露水平的影响

国内学者也验证了政府所有权与信息披露存在正相关关系，即政府所有权比例大的公司会有更高水平的信息披露。该观点认为政府所有权增加了道德风险和代理问题，而信息披露可以减轻这些问题。李馨红（2007）的研究则认为国有股的存在会减轻公司对外披露信息的压力。第一大股东为国有股的公司经营者，来自政府任命，就会听命于国有股的持股代表，而且政府部门通常能直接获得公司的内部信息。而第一大股东为私营的公司，在经营上更具有灵活性，公司治理的效力更高，其高层管理者也面临着更多来自企业内部和市场的监督与激励，迫使其披露更多的信息。陈飞（2006）对中国上市公司的实证研究发现，非国有性质的控股股东与自愿性信息披露显著正相关。

7. 股权集中度对信息披露水平的影响

股权集中度是刻画公司股权集中于一个或者若干个大股东（持股比例≥5%的股东）的数量特征。LLSV（1998）的"替代假说"理论认为，在投资者保护程度较弱的地区，由于股东的利益很难得到法律等外部保护，为增加投票权，股东将增持股份，以获取控制权来监督管理者，避免经理人的剥夺。股东积极的自我保护将会使股权相对集中。与此同时，中小投资者面临较大剥夺风险时只愿以较低的价格购买股票，这就造成公司外部股权融资异常困难，为了降低资本成本，控股股东将激励管理者自愿披露更多的信息，即高度集中的股权结构有利于提高信息的自愿披露程度。

但是，La Porta 等（1998）研究却发现，股权集中度与财务信息披露质量负相关。Haskins（2000）研究也表明股权集中度与信息自愿披露水平负相关。钟伟强等（2006）研究发现我国上市公司的股权集中度与自愿披露水平呈二次曲线关系。

此外，还有研究指出，一国的文化、政治及经济发展水平等因素也会对企业社会责任信息披露产生影响。如 Hope（2003）对权利等级观念、投资者风险偏好等文化因素对企业信息披露水平的影响进行了研究，结果显示，法律并不能替代文化，而且随着社会、经济的发展以及信息环境的丰富，法律制度因素对公司披露水平的影响存在减弱趋势，文化因素的影响则呈上升趋势。Haniffa 和 Cooke（2005）从文化视角研究马来西亚社会责任披露问题，结果发现马来西亚人主导董事会的公司、马来西亚资本占绝对控股的公司社会责任信息披露水平更高，原因是马来西亚民族在马来西亚政府中属于占主导地位的族群，这样可以通过披露更多社会责任信息改变其他利益相关者对马来西亚民族的看法。

Joyce 等（2005）对 1998 年和 1999 年挪威和丹麦 32 家电力公司与美国 26 家电力公司年度报告中披露的社会责任信息进行了比较，结果显示，国家的文化和企业所有权结构的差异使企业社会责任信息披露的具体内容存在较大差异。Nazli 和 Ghazali（2007）研究了马来西亚上市公司所有权结构与社会责任信息披露的关系，研究发现，政府持股比例越高，公司越倾向于披露更多的社会责任信息。Hess（2007）则强调政府监管、立法、执法在提高社会责任信息质量方面可以发挥更重要的作用。

总之，在目前我国证券监督管理委员会的管理框架下，社会责任信息属于财务报告中的非强制性披露内容。于是，公司管理层在决定是否披露社会责任信息、披露什么信息、以什么方式和措辞来披露这些信息时，拥有较大的选择空间。从理论层面讲，管理层行为固然有其自身的偏好，但是也难免受到公司所处地区文化、政治及经济发展水平等宏观环境的影响和公司治理特征、公司自身的规模、债务水平、盈利状况等微观因素影响。"信号传递理论"还告诉我们，管理层主动披露公司的社会责任信息，尤其是公司的公益捐赠信息，还意味着向市场发送利好信号。但是管理层主动披露社会责任信息无疑会发生相关的信息披露成本。基于成本效益原则考虑，管理层当然希望这些披露行为能够带来一定的效益。那么，管理层采取不同的信息披露策略能否达到预期目的呢？也有部分文献突破财务视野的局限，从更广阔的社会绩效、环境绩效维度加以衡量。

三、社会责任信息披露的市场反应

资本市场普遍存在信息不对称现象，作为信息强势方的管理层将信息披露作为一种信号，通过披露社会责任消息，向市场中的信息弱势方传递利好信号。自愿性信息披露理论认为为了避免资本市场的逆向选择问题，上市公司有动机主动披露好消息，以使自己与坏消息公司相区别。相关研究结论如下：

张纯等（2007）指出公司主动向外界提供内部信息能够减少信息不对称。Bewley 和 Li（2000）将该理论引入了社会责任信息（具体为环境信息）披露方面，认为具有出众环境绩效的公司更倾向于向股东等利益相关者传递更多的环境信息。Ingram 等（1980）实证检验了社会责任信息披露的市场反应，结果发现披露社会责任信息公司的市场表现显著优于未披露公司的市场表现。Anderson 和 Frankle（1980）通过对披露了社会责任信息的公司股票组合与没有披露公司的股票组合的系统风险进行对比，研究发现社会责任披露有信息含量，股票市场反应是积极的。

国内对社会责任相关方面的研究日益增多，不同学科领域的学者都有所涉及。会计学科集中于研究社会责任信息披露对企业价值的影响以及企业社会责任信息披露程度及影响因素探讨方面，也有少量文献涉及社会责任信息披露的市场反应。

陈玉清、马丽丽（2005）建立上市公司对利益相关者承担社会责任贡献的指标体系，计算了我国上市公司的社会贡献，并实证检验了现阶段该信息与公司价值相关性不大。

沈洪涛（2005）以 1999 ~ 2004 年的石化塑胶业 A 股上市公司为样本，研究发现我国上市公司披露的社会责任信息具有价值相关性，其披露数量和质量可以引起股票收益率显著的正向变化，社会责任信息是传统的影响公司价值因素之外的又一重要因素。我国公司社会责任信息对公司价值的影响力具有自身的发展特点，2002 年出现了转折，从不具有价值相关性跳跃式地发展为具有价值相关性，这种相关性是在监管者的推动下发展起来的。因此，社会责任信息不再是可有可无的信息，而且已经日益得到投资者的重视，并会对社会资源的配置产生影响。

李正（2006）的研究结果表明，企业的社会责任活动会减少企业当期价值，但会增加企业的未来价值。并指出从长远来看，企业履行社会责任有助于实现可持续发展。温素彬、方苑（2008）按照资本投入形态，将企业利益相关者分为货币资本利益相关者、人力资本利益相关者、社会资本利益相关者、生态资本利益相关者，在此基础上设定社会责任的变量，对财务绩效进行回归分析，截面回归结果表明大多数社会责任变量对当期财务绩效的影响为负，而面板数据回归结果表明社会责任变量对财务绩效具有比较显著的正向影响，即社会责任对财务绩效的正向影响具有一定的滞后性和长期性。

至于履行社会责任能否增加企业价值，已有文献尚未得出一致结论。一部分原因在于上述作者对企业价值的衡量标准不一致。企业价值的增加是一个长期的过程，因此，指标选用方面不应该仅侧重于短期的经济效益，还应考虑长期的社会效益。另一部分原因可能是衡量社会责任履行质量的指标选取存在较大的主观性，且社会责任变量与财务绩效指标之间存在着内生性，而现有研究未对该内生性加以控制；或者基于财务业绩的会计指标容易受到人为操纵，从而影响到实证研究结论的可靠性与可比性。

从前述文献可知，在研究内容方面，现有文献集中于探讨综合性社会责任信息披露质量与公司财务绩效的关系，而对社会责任特定方面——公益捐赠信息披露的研究以及信息披露对资本市场的影响较少涉及。在研究方法方面，已有文献侧重使用内容分析法和问卷调查法，往往是通过对企业或某一特定行业年报内容的分析，构建社会责任信息披露指数，以此刻画企业社会责任信息披露质量。笔者认为对年报有关内容归纳分析具有一定的主观性，影响实证研究结论的可信度。

此外，实证领域研究我国资本市场反应的文献主要集中于财务信息披露领域，尤其集中于年报盈余信息含量、年报披露及时性等方面，而较少涉及非财务领域的企业社会责任信息披露方面，对于社会责任的特定方面——公益捐赠信息披露的市场反应则少之又少。根据上述分析，本书着重探讨汶川地震捐款中上市公司披露捐款信息，会引起资本市场怎样的反应，捐赠行为在我国现阶段具有怎样的社会心理基础。

第三节　政企关系及其文献整理

一、政企关系存在的普遍性与合理性

企业与政府建立联系的现象在很多国家普遍存在，在制度欠发达的转型经济和发展中国家，这种现象更加普遍（Faccio，2006）。

中国目前正处于经济转型时期，虽然原有的依靠国家行政权力分配社会资源的方式在相当程度上丧失了效力，但是公平的市场关系还没有完整地建立起来，应该由市场定价的商品却在做大做强、保护资源、保护民众利益等种种名义下实行政府定价，于是市场经济成为行政经济。这时非正式的社会关系网就成为建立和维护社会信任关系的基本形式。

国外学者研究发现，在政府干预比较强、契约执行得不到法律保障的地区，上市公司倾向于建立政企关联，即企业建立政企关联是对不利的产权保护和法律环境的理性反应。

McMillan 和 Woodruff（1999a）指出，在转型经济体中，法律机制常常不完善，或者法律不可执行，因此企业家不能完全依靠法律体系来获得私有产权保护。于是，它们诉诸于非正式的方式来替代缺失的市场支持制度。

乔尔·赫尔曼和马克·施克曼（2002）基于对转型国家企业与政府交易关系的研究，指出政企关系内生于政府干预和规制范围以及由此造成的政府腐败行为。政府官员根据规制行使自己的权力，这就使他们有较大幅度的自由裁量权，包括以投资、补贴和允许拖欠税金等方式为企业提供优惠，从而为他们干预企业提供了一定机会，也让他们在与企业讨价还价中居于有利地位。而企业也会选择向政府官员行贿来减少政府的干预以及获得政策优惠。

也有学者针对中国新兴加转轨市场的情况进行了实证检验。洪银兴、曹勇（1996）指出，我国的改革是一个不断调整政府与市场关系的过程，虽然与传统的计划经济体制相比，政府直接管理经济的权限大大降低，但是政府对市场的干预仍然十分显著。不仅市场改革本身就是由政府发起的，而且政府还直接主导着市场改革的进程和市场机制的作用范围。这场由国家发起的经济改革带来了价格双轨制、不稳定的政府政策、模糊的财产权以及基层官员较低的法律约束程度。这种制度环境也提升了企业家对资源寻求的价值，并导致了官员控制的盈利机会的价格。

胡旭阳（2005）指出，在中国转轨的过程中，民营企业的政企关联不但成为产权法律保护的替代机制，而且是民营企业重要的政府资源，它在很大程度上影响民营企业能否获得多元化所必需的资源，进而影响民营企业的多元化程度和多元化策略。

陈家喜（2007）指出，市场机制的完善与否决定着企业家的经济战略和政企战略。如果市场机制相对完善，市场作用能够充分发挥，市场受到政府的干预较少，那么企业家将最有可能求助于市场，通过市场竞争获得自己的收益。如果市场受到政府的干预，那么企业将会花费大量精力投入到与政府的交涉当中。同样，在政治战略的选择上，在市场完善的环境下，企业家将会自发地参与到各种商会和行业协会当中，通过行业协会来获取资源、保护自己的利益，如果政府作用强大，则企业家将不可避免地希望与政府建立"关系"，来谋求更高的利益。

罗党论、唐清泉（2009）指出转型期的私营企业要想更好地生存和发展，获得政府的认可是其最大需求。政企联系对于私营企业家尤其关键，因为它可以作为不完善的正式制度的替代。

冯天丽、井润田（2009）基于制度理论，从企业家个体感知和内在动机的角度研究转型经济中制度环境对私营企业家政企联系意愿影响的强弱。通过全国私营企业主普查数据对私营企业主"希望成为人大代表或政协委员的迫切性"以及"和党政领导人联系的迫切性"进行基于大样本数据的实证检验。研究结论表明客观的制度环境尤其是市场化程度、产权、政府监管等是影响私营企业主政企联系意愿的主要因素。具体来讲，制度环境越弱，私营企业家的政企联系意愿越强。

综上所述，政企关系是在我国新兴加转轨的市场环境下，私营企业主为了克服现行法律、产权和金融等正式制度层面的机制不完善以及由此给企业经营发展带来不利影响的一种理性回应。

二、政企关系对企业生存的意义

政企关系为什么如此重要？政企关系究竟能给企业带来什么利益？国内外学者从不同的视角给出了答案。总的来讲，积极主动与政府建立关系可以有效地影响政府政策与法规制定，这已成为企业赢得竞争优势的共识。

Roberts（1992）是最早的尝试者，他研究了美国的两个与参议员有关的企业，研究发现在参议员继任时企业的市场价值发生了变动。在前任参议员突然死亡的消息公布后，后任继任时，与前任有关的企业的股票价格会下跌，而与后任参议员有关的企业股价会上升。Fisman（2001）指出当印度尼西亚前总统苏哈托病情恶化时，印度尼西亚与其有政企关联的企业失去了更多的市场价值。

Hillman、Zardkooki 和 Bierman（1999）研究单个企业运用各种政治策略试图影响或进入公共政策制定的过程。他们认为如果企业通过各种方式（信息资料、政治途径、政治影响）与政府建立了良好的关系，那么它们可能减少不确定的交易成本，获得各种经济利益。

Faccio（2004）采用 47 个国家 20000 个上市公司作为研究样本，对政企关系与企业价值之间的关系进行了系统研究，发现企业与政治人员的关系（或者说政企关系强度）不同，政企关系对企业价值的影响不同。

Faccio（2002）还对政企关系对资源配置的影响进行了分析。研究发现政企关系扭曲了政府的资源配置决策，将资源配置到低效率的企业中。Leuz（2005）作了进一步分析，他具体研究了政企关系对企业融资策略和长期业绩的影响，研究发现政企关系不仅影响公司的融资策略，而且对公司的长期业绩产生影响。

Vyacheclav Dombrovsky（2008）检验了政企联系和公司绩效的关系，研究表明，当公司处于困境时，政企关系的建立可以提供支持和帮助。

在国内，张建君（2013）验证前政府官员任职与公司绩效的关系，指出在国外企业聘任前政府官员对公司业绩影响不大，但在中国则截然相反，前政府官员通过发挥余热、余权、余威、余网，能极大地促进公司业绩的提升。

边燕杰（2005）认为，一个企业的成败与经营者是否拥有广泛的社会交往和政企联系密切相关。通过这种交往和联系，企业可以获得价值连城的信息，捕捉令企业起死回生的机遇，攫取稀缺的资源，争取到风险小获利大的项目，从而在激烈的竞争中立于不败之地。

魏刚等（2007）发现独立董事的教育背景对公司业绩影响不大，而独立董事的政治背景与银行背景则能极大改进公司的经营业绩，因为根据"资源支持理论"，独立董事拥有良好的外部关系网络，而这种关系有助于公司进行公关，化解公司面临的各种危机。

陈家喜（2007）调查了民营企业聘请官员作为职业经理人的动机，认为几乎所有的企业都会考虑到利用这些官员的社会关系资源。因为作为政府权力的实际拥有者和执行者，各级行政官员在与其他各行政部门以及各种性质的企业长期交往的过程中，逐渐将国家行政权力赋予的"体制资本"，即国家法定的行为强制权和资源分配权转化为个人私有的"社会关系资本"。即使政府官员失去行政职位，失去"体制资本"拥有的资源配置权，其私人化的社会关系网仍然可以被继续利用。通过这种非市场的人际关系网可以获取资金、土地、信息等发展资源，可以为企业节省大量的交易成本。

罗党论、唐清泉（2009）指出，对私营企业家来讲，采取一定的政治战略处理与政府的关系，可以规避一些风险，同时还能获得有用的信息，攫取稀缺资源，增强企业的竞争力。

此外，不少学者也逐渐将政企关系纳入社会资本的研究范畴。对企业社会资本的认识，主要有资源观与能力观。资源观将社会资本视为能为企业带来未来经济利益的一种资源，而以边燕杰和丘海雄（2000）为代表的能力观则认为，企业社会资本是企业通过与经济领域中的各个方面建立起的各种关系网络来攫取稀缺资源的一种能力。

魏水英（2007）认为社会关系网是社会资本的载体，是其他形式的社会资本赖以存在并对企业行动者施加影响的网道。正是通过这个网道，权力、信息、资金等资本才能源源不断地在企业行动者的互动中被输送到交易市场，从而随着行动与资源、利益与控制的互动对企业的行动产生影响。

田雪莹（2008）将企业社会资本分为结构、关系和认知等维度。其中，企业社会资本的关系维度是指通过关系创造和利用的资产。并指出社会资本是专用的、可转换的，企业在社会网络中的位置等所赋予的优势可转换为经济或其他优势。这种非正式的社会关系网在中国目前的变革过程中发挥着更为重要的作用。

总之，政企关系通过影响监管层的资源配置倾向，为企业争取稀缺资源，降低企业交易成本，提升企业竞争优势，不仅影响了企业的财务业绩，最终还能提升企业价值。

第四节 公益捐赠

一、企业捐赠意识的演变

20 世纪 50 年代，A. P. Smith Manufacturing Company 捐赠 1500 美元给普林斯顿大学，但股东认为该捐款不合法，有逾越企业管理者权限之嫌。而公司管理层认为这是改善公司形象的投资，既为社会所期许，也有利于营造公司发展的有益环境。最后，新泽西法庭判定该公司捐款并未侵犯股东权益。这一事件开创了企业慈善捐赠的先河。

但是，慈善捐赠的发展并非一帆风顺，企业家的捐赠意识、捐赠行为随着时代的发展、所处地域的不同而在不断变化，带着鲜明的时代烙痕和地域特色。概括来说，从最初的慈善意识萌芽发展到现今轰轰烈烈的社会运动，这期间大约经历了以下几个阶段。

20 世纪初在美国出现了慈善捐助意识的萌芽。当时，公司捐赠的权利是被法律严格否认的，正如弗里德曼指出的"企业负有一项且仅负有一项社会责任，这就是在游戏规则许可的限度内，倾其所能，利用所控制的资源，从事旨在增加利润的活动"。因为与其他社会责任行为相比，公益捐赠直接减少企业当期的利润，是对股东权益的极大损害。

例如，1919 年，在美国出现了道奇兄弟诉福特汽车的著名案例，法院认为福特为了扩大生产以便制造更多的普通大众买得起的汽车而停止对股东当年分红的行为固然可敬，但仍不应慷其他股东之慨，从而裁定福特行为违反受托责任。

后来随着经济的发展，企业公益捐赠行为具有了现实的物质基础，法律对公司捐赠的态度也趋于缓和。当然，法律的这种转变不是因为公益捐赠与公司营利性本质之间的内在冲突不存在了，而是出于解决社会问题的考虑。

法律的目的是以最小代价获取社会整体福利的最大化，而社会整体福利的提升需要法律承认甚至鼓励公司的公益捐赠行为。可见，从微观层面来讲，公益捐赠虽然损害了部分企业的利益，但是能够增加宏观层面的社会福利。

19世纪是慈善捐助的自发自愿阶段。当时，管理者认为慈善捐赠行为侵蚀企业资源，股东则认为慈善捐赠行为损减企业利润。但是到了19世纪中后期，在一些工商巨头以及受到早期现代工业严重不良影响的人群的推动下，一些企业与企业家日益关注社会公益事业，纷纷自觉自愿地从事慈善捐赠活动。这一时期的企业慈善行为具有明显的自发自愿性质，法律没有给出明确要求，很大程度上依赖企业家的良心发现和慈善意识。

被动被迫阶段，源自"合法性"压力。美国公众公司股权结构比较分散，日益分散的股权导致股东对企业生产经营的控制决策权不断被削弱，管理者日益成为公司的实际控制者。股东控制权的弱化使其他利益相关者（雇员、顾客、供应商和社区等）的作用日益凸显，管理者也因此必须关注和协调各方权益。另外，大量利益集团出现，这些利益集团之间相互制约，但又不能完全控制对方，使得企业的生产经营处于利益集团的严密监视之下，管理层在决策时不得不考虑外部利益集团的利益，而不再是仅仅关注股东的利益。

例如，20世纪五六十年代，不断壮大的环保团体、消费者权益保护运动、反种族歧视运动等，对企业生产经营产生的影响越来越大。同时企业也日益认识到作为一种法律实体，只有在得到社会广泛认同和支持的条件下才能生存和发展。在这种"合法性"压力和企业自我意识的共同作用下，管理层不得不通过慈善捐赠活动来回应社会的各种要求和预期。

主动自觉阶段。进入20世纪70年代以后，西方企业面临着两难困境：一方面公众希望企业提供更多的捐赠，另一方面企业又不得不紧缩支出。这一矛盾的激化致使企业慈善捐赠行为模式再次发生了根本性变化，催生了以"企业—社会双赢"为核心特征的策略性慈善捐赠行为模式。策略性慈善捐赠行为模式的核心特征是强调企业慈善行为的投资性质，即"行善"可获得回报，企业能够"通过行善做得更好"。同时，管理层为了提高企业的业绩，也开始赋予企业慈善捐赠活动更多的商业目标。

总之,随着企业所处社会环境的改变,西方企业的捐赠理念和捐赠行为也表现出了明显的阶段性特征。经历了由最初的自发捐赠意识阶段、被动捐赠意识阶段,进而发展到现在的主动自觉行为阶段。表明企业管理人员及其利益相关者对社会责任问题的认识也日益理性和深刻。当然,自觉主动的慈善意识是西方国家经历二三百年与社会环境变化的不断磨合而形成的。由于中国经济发展模式的独特性和中西方文化模式的差异,且中国内部各地区经济发展程度也存在较大差异,决定了在目前中国企业的慈善意识存在多元化的特点。在经济发达地区,部分企业管理层具备主动捐赠意识。但是不排除部分企业出于"合法性"压力或者应对外界利益相关者的关注,出现被迫捐赠行为。甚至还存在一些企业的"跟风行为",看到别的企业捐赠,自己不跟着做就是不符合发展潮流。

二、公益捐赠模式及其动因的演变

"企业捐赠"在西方国家十分盛行,是体现企业社会责任的公益行为。最初的研究认为,企业捐赠是基于一种"博爱"(Philanthropy)观念的行为,其文化基础深受基督教博爱思想的影响。总的来说,西方国家慈善捐赠经过发展,表现出明显的阶段性特质:

第一,单纯公益性捐赠模式。这种模式是工业时代企业捐赠的主要范式,将公益捐赠视为企业家的个人行为,与企业经营目标无关。认为企业只有经济目标、经济功能、经济责任。企业如果要进行捐赠,最好方式就是将捐赠的资金、组织、项目与企业经营分离。在工业社会最发达的美国,受利他捐赠动机的影响较深,利他动机的捐赠范式占据主导地位,其主要表现为设立慈善家个人或家族的基金会以及与公司本体脱离的公司基金会,由基金会来管理善款的使用,善款具体流向与公司业务无关。

第二,追求双赢的战略捐赠模式。这种捐赠范式是后工业社会的主导模式,体现了企业公民的社会理念和行为规则,不仅将社会责任嵌入经济责任,同时将经济责任嵌入社会责任,是一种全新的社会责任观。它鼓励企业进行"慈善投资",这里慈善投资不是狭义的经济概念,而是不排除经济含义的社会投资。从 20 世纪 40 年代以来,"善因营销"、"战略慈善"等理念对慈善事业的影响日渐深入,许多企业开始将慈善公益活动纳入公司肌体,使其成为企业经营战略的一个组成部分。公司在做慈善的同时,也通过慈善活动的宣传效应,为公司积累了声誉资本,提升了公司的公众形象,也提高了经营业绩。

而今,在极端复杂的全球一体化环境中,企业的慈善捐赠行为也早已超越了单纯的道德伦理范畴,企业和企业主开始以更加理性的态度和长远的目光对待慈善行为,努力寻求企业与社会双赢的慈善模式。同时,慈善捐赠是一种与当地社会经济、文化背景紧密相关的行为。在西方成熟的市场经济中,存在充分的市场机制和制度约束驱使企业参与慈善事业,但类似的机制在中国的转型经济中未必存在。基于中国经济发展、社会结构和传统文化等方面的特色和转型经济的现实制度状况,我国企业的慈善捐赠动因是否呈现出迥异于西方国家的特点,国内学者对此展开了探讨。

Swanson 在 1995 年的一篇理论性文章中概括了企业承担社会责任(CSR)的三种主要动机:经济动机、积极义务(Positive Duty)以及消极义务(Negative Duty)。经济动机指企业因为工具性目的去承担社会责任;积极义务指企业承担社会责任是基于帮助他人的善意或者主动承诺;消极义务则意味着承担社会责任是为了遵从那些环境中的利益相关者的压力或者社会规范(张建君,2013)。中国台湾学者陈嫣如从"利他"、"利己"的角度将企业慈善捐赠行为的动机分为利他动机和利己动机。其中,基于利他动机的企业慈善捐赠行为内容包括企业应尽社会责任、支持公益事业、发自内心的道德观等;基于利己动机的企业慈善捐赠行为具体分为短期性商业策略、长期性商业策略、长期自利等。

中国社会科学院在 2000~2004 年从事"公司与社会公益"项目的研究中,将法国社会学家 Bourdieu 的"场域—惯习"说引入公司捐赠领域,试图解释捐赠理念与捐赠行为之间的关系,并由此将企业捐赠动机归纳为三类:

纯粹的慈善动机；将捐赠行为视为增进经济效益工具的工具动机；追求慈善与经济利益双赢的双赢动机。

田雪莹（2008）进而将我国企业慈善捐赠动机分为纯公益性动机、短期盈利动机、长期利益动机，具体含义见表2-2。通过对长三角地区56家企业的问卷和访谈，发现不同经济（产权）性质企业的捐赠动机存在差异。其中，国有企业（国有独资、国有控股和国有参股）和民营企业中纯公益性捐赠动机分别占66.32%和59.38%，即国有企业的纯公益性动机更强些，而民营企业的捐赠行为则夹杂其他的感情色彩。在外资企业捐赠中长期利益动机占74.59%。

表2-2 企业捐赠动机的分类和解释

动机名称	内涵解释	具体项目
公益利他动机	单纯出于慈善目的，以促进公共利益，增进社会福利为唯一行动逻辑。此捐赠动机没有涉及对企业自身利益的考虑，完全凭社会需求的急迫程度和企业自身的慈善理念	善尽社会责任，体现企业的价值观使命感和文化传统；经营者的为善理念
短期商业策略动机	将捐赠行为视为增进企业经济利益的工具，以满足商业利益为行动逻辑。社会若从中受益则仅仅是企业行为的一种外部效果，非企业本意	获得税赋减免、增进商品销售、争取正面媒体报道、缓和同业竞争
长期利益动机	企业为获得可预期的长期利益而进行的捐赠活动，旨在追求经济利益与社会利益的双赢。此捐赠动机源于企业为平衡、协调各种社会、政治和经济力量的策略性行动。取决于企业对于自身在竞争市场中位置的认知和对市场开拓的观点	建立良好企业形象，发展公共关系，获得政府、社区或同业的尊重与认可

张建君（2013）使用竞争（Competition）—承诺（Commitment）—服从（Compliance）的概念框架，探讨中国企业捐款行为的动机。其中竞争是指企业履行社会责任是为了企业自身利益、满足竞争目的；承诺是指企业（管理者）出于理念，从而对社会福利做出积极贡献；服从则是指企业顺从外部压力而被迫承担社会责任。并将上述理论纳入现有企业社会责任文献的主流理

论视角——战略视角和制度视角进行解释。战略视角假设企业是利益驱动的，它们可以从理性出发，做出对企业最有利的战略决策。沿袭战略视角的学者们认为企业应当（事实上也是）通过履行社会责任达到战略目标。例如，Porter 和 Kramer（2006）明确建议企业不要盲目地履行社会责任，而要仔细选择那些能够增强它们竞争优势的项目。那么把企业社会责任看作是"承诺"或者"服从"的结果则是采取了制度视角。制度理论（Meyer 和 Rowan，1977；DiMaggio 和 Powell，1983）认为企业是嵌入社会（制度）环境之中的，受制度环境的约束，同时也可以通过一定的策略来适应制度环境。受这种视角影响的学者们强调企业参与社会责任以遵循制度要求，满足企业及高管对与身份和地位相适应的社会责任的需求，并赢得管理精英圈的认同。

徐雪松（2007）则将我国企业的慈善行为动因归纳为经济动因、政治动因和道德动因。其中，慈善行为的经济动因指的是企业对慈善行为所期望的结果能够直接改变与企业经营相关的因素与条件，包括免除部分税收、进行产品促销、受竞争对手捐赠的影响、塑造产品品牌和提升企业形象；企业慈善行为的政治动因指的是企业对慈善行为所期望的结果能够改善企业内部与外部的政治气氛，包括提高员工的凝聚力、吸引优秀人才、响应政府号召、融洽社区关系；企业慈善行为的道德动因指的是企业对慈善行为所期望的结果能够改善提升企业价值，实现企业和企业家价值观，包括帮助弱势群体、解决社会危机等。

由此可见，纯公益性的利他动因（道德动因）、利己性的经济动因以及将慈善与公司战略结合的双赢动因是国内外企业慈善捐赠行为演变的共同之处，但是徐雪松所提到的政治动因却是处于经济转型期国家的企业所特有的。田雪莹也证实在我国长三角地区的企业中，不同经济性质（产权）企业的捐赠动机存在明显差异，其中国有企业的纯公益性捐赠动机更强些。因此，本书着重探讨我国上市公司公益捐赠行为背后蕴含的政治动因。

三、公益捐赠的作用和意义

慈善捐赠作为企业社会责任的内涵之一已经被越来越多的学者和企业家

所认可。怀有仁爱之心谓之"慈",广行济困之举谓之"善","慈善"即对人关怀,富有同情心,是仁德与善行的统一,是中国哲学追求的最高境界。慈善这两个字深深根植于中国传统文化中,成为我国企业慈善捐赠的最根本思想渊源。

我国自古就有慈源善本的传统。慈善事业的施行,与国家的治理振兴有直接的关系。周朝建立后,周文王更加重视民众的作用,提出"欲至于万年惟王,子子孙孙永保民",采取惠民保民措施,推行包括慈幼、养老、赈穷、恤贫、宽疾、安富的"保息"六政。后世的历代统治者和思想家,也从"民为邦本"的指导思想出发,强调赈贫恤患、救助老幼孤寡的重要性。

现代经济学认为,通过市场实现的收入分配是第一次分配,通过政府公共政策的调节而实现的收入分配是第二次分配,个人出于自愿,在习惯与道德的影响下把可支配收入的一部分捐赠出去被称为第三次分配。在当前中国,不完善的市场机制和改革开放中"允许一部分人先富起来"的非均衡发展战略使得贫富差距日益扩大的现实越发严重,并且已经成为现阶段影响社会和谐发展的重要因素。那么,在当前大部分人还不富足、不能成为捐赠主体的情况下,企业的慈善捐赠就是第三次分配的重要载体,是对财富的再一次平衡,对于缓解目前我国面临的分配差距扩大问题具有积极的意义。

国外的相关研究表明,企业的慈善捐赠行为:①可以提高销售额。78%的消费者认为他们更愿意购买某种与自己关心的公益事业有关的产品。如果价格和质量不相上下,他们更愿意选择与某项公益事业相关的品牌[1]。②巩固品牌地位,普林格尔和汤普森认为"把一家企业或一个品牌与相关的慈善机构或公益事业联系起来,能够显示该品牌的精神"[2]。③增进企业与政府及社区之间的关系。良好的企业公民形象有助于企业从政府及社区争取"大订单"和快速进入新市场,并且遵守政府法规的企业,常常能被国家或当地政

---

[1] Cone Inc, "2002 Cone Corporate Citizenship: The Role of Cause Branding: Executive Summary", 2004.

[2] Harnish Pringle and Marjorie Thompson. Brand Spirit: How Cause Related Marketing Builds Brands [M]. London: Wilwy, 2001.

府给予更多的自由，甚至一定的认可和奖励。④吸引客户和投资者。德保大学的一项学术研究认定，出现在《商业道德》杂志"百名最佳企业公民"榜单上的100家企业，要比"标准普尔"上的其他企业有更好的财务表现，从而能够吸引更多的投资者①。

何伟（2004）以在华的欧美保险公司为样本，研究指出企业慈善行为已成为跨国公司进入东道国市场的商业规范之一，企业慈善行为给早期进入东道国市场的跨国公司带来竞争优势，为后期进入者减轻了负担，赢得政府对其合法性的承认。

国内的相关研究还表明，在经济转型国家，企业的慈善捐赠行为还具有以下特别作用：

其一，避免掠夺和骚扰，即所谓"保护模型"中所指的伤害购买权。钟宏武（2007a）指出慈善捐赠可以产生积极的道德资本，而积极的道德资本在企业伤害利益相关者时能够发挥伤害保险作用。因为无论何种企业，在其经营过程中都有可能损害与利益相关者的关系。一旦企业的经营行为伤害到某些利益相关者，其平时积累的道德资本就会使利益相关者相信企业事前没有伤害动机，发生伤害行为是由事先不知情、疏忽或鲁莽造成的，从而给企业带来减少处罚力度甚至不被定罪、不采取制裁行为的好处。

其二，寻租，即企业通过对政府的捐赠投资来获取直接的经济利益。例如得到政府订单，优先获取土地、资金贷款等稀缺资源，甚至获得市场垄断经营权。钟宏武（2007b）也指出，与国外相比，中国企业运用公益慈善捐赠向政府寻租更为普遍。原因如下：首先，中国企业缺乏制度化的政治寻租途径。国外的企业可以选择政治捐款、游说、公关广告、基层动员等方式来合法谋取利益。但是中国不存在这样的机制，公益捐赠便成为一种变通的政治策略，带有政治捐赠的色彩。其次，以公益捐赠方式来寻租更为隐蔽，受赠者风险也较低。

其三，得到政府的保护，即企业通过慈善捐赠方式对政府进行关系投资，

---

① 菲利普·科特勒，南希·李. 企业的社会责任 [M]. 北京：机械工业出版社，2006.

以获取保护，防止其他利益相关者的伤害。通过公益捐赠，企业主动获取亲近政府部门的资格，在我国特殊的制度背景下，公益捐赠带有寻求政府保护的政治色彩。但是，现实中，企业寻租和寻求政府保护的动机较难区分。我们认为政企关系弱的企业，其捐赠行为背后寻求政府保护的动因要强些，而对于那些具有一定政企关系的企业，将其捐赠行为动因认定为寻租。

其四，参与公益捐赠等公益事业对企业来说还是优化资源配置、获取社会资本的一种新理念、新战略。田雪莹（2008）从企业社会资本的独特视角探讨了捐赠行为对企业竞争优势的影响。依据 2004~2006 年有过捐赠的 290 家企业的数据资料，实证检验了捐赠行为特征通过社会资本途径对企业竞争优势的作用机制，创新性地解释了企业竞争优势提升的重要原因之一在于企业以获得良好形象和声誉为目标而从事的公益捐赠活动。

总之，笔者认为在我国转型经济背景下，公益捐赠是缺乏政企关系的企业寻求政府保护的一条现实途径。

第五节　本章小结

本章对政企关系和社会责任的有关文献进行了梳理。

首先梳理了政企关系的相关文献。发现政企关系是我国新兴加转轨的市场环境下，产权保护不力、法律不健全的一种替代机制，也是私营企业克服法律、产权和金融发展等不利制度环境的一种理性回应，而政企关系也对企业的生产经营至关重要。通过政企关系这种关系网络，企业可以获得价值连城的信息，捕捉令企业起死回生的机遇，攫取稀缺的资源，争取到风险小获利大的项目，最终增强企业竞争力。因此，政企关系弱的企业就有动机通过各种途径，和当地政府建立良好的关系。而作为企业承担社会责任的有效方式，慈善捐赠是企业寻求政企关系的可行途径。

其次对企业社会责任概念及组成的文献进行整理，从中发现企业社会责任的内涵和外延也是随着社会经济的发展而不断演化的。经济性虽然是企业的主要属性，但是隐蔽在经济性之后的社会性才是企业承担社会责任的根源。因此，本书对于社会责任问题的探讨，不能忽略社会、文化、伦理等非经济因素的影响。同时，作为企业履行社会责任的重要方式，公益捐赠不仅仅是一种道德伦理行为，更是一种集道德、法律和经济于一体的综合行为，是企业实现自身发展的重要战略。

最后是对社会责任信息披露文献的梳理。指出公司管理层决定是否披露社会责任信息、披露什么信息、以什么方式和措辞来披露这些信息，都暗含着一定的策略。这些策略不仅受公司治理特征、公司自身的规模、债务水平、盈利状况等微观因素影响，也受公司所处的文化、政治及经济发展水平等宏观制度环境的影响。至于上市公司主动披露社会责任信息能否增加企业价值，已有文献尚未得出一致结论，但多数文献倾向于社会责任对财务绩效的正向影响。

而且我们还发现，在研究内容方面，现有文献集中于探讨社会责任综合信息披露程度与公司财务绩效的关系，而对社会责任特定方面——公益捐赠信息披露的市场反应较少涉及。而实证领域研究我国资本市场反应的文献主要集中于财务信息披露领域，尤其集中于年报盈余信息含量、年报披露及时性等方面，而较少涉及非财务领域的企业社会责任信息披露方面，尤其对于公益捐赠信息披露的市场反应更是少之又少。

通过对已有文献的梳理，找到了本书的切入点。慈善捐赠是企业寻求政企关系的现实途径，那么转型经济背景下，我国上市公司的汶川地震捐款行为就不再是出于纯粹的利他动因，可能还蕴含着寻求政企关系的政治动因。

第三章　理论基础与制度背景

第一节　企业社会责任及其理论基础

　　企业社会责任提出几十年来，学者们一直试图从理论上对其进行合理解释，其中利益相关者理论吸引了许多学者的目光。近几十年来，利益相关者理论得到了越来越多学者和实务界人士的认可，利益相关者包括的范围也越来越广泛，学者们期待着借此描绘出一个不断扩大的企业社会责任远景。

一、利益相关者理论的产生背景

　　长期以来，关于企业的性质和目的的争论一直没有停止过，但是股东享有企业的所有权和控制权，企业活动的终极目标是股东利益最大化，这一直是主流经济学和企业理论所持的论题。然而，自20世纪六七十年代以来，传统的股东至上模式开始遭遇挑战。

　　其一，伴随着经济的快速发展、社会物质资源日益富足和知识经济时代的来临，物质资本不再是稀缺资源，其所有者（股东）也就不再享有所有的控制权，同时股东也不再承担企业所有的经营风险。其二，第二次世界大战后，笃信"股东至上"的欧美企业和与之不同的德日企业的境况形成了鲜明对比。20世纪60年代以后，奉行股东至上主义的欧美等国的经济遭遇了前

· 41 ·

所未有的困难，而在企业经营中更多体现利益相关者的德、日以及东南亚等国家和地区的经济却迅速崛起。这些问题引起了各国学者和实务界对传统企业理论逻辑的质疑。其三，在这一时期，经营者的极端趋利行为引发的社会问题日益严重，全球企业普遍遇到了诸如企业伦理问题、环境问题、消费者问题等一系列的社会问题，这些问题引发了社会公众的强烈反企业情绪，公众对企业的信心崩溃了。而这些问题的产生与企业活动是否考虑了利益相关者的利益要求密切相关。带着种种疑问，学者们纷纷从经济、法律、政治、伦理等方面寻求出路，在这种理论和现实背景下，利益相关者理论应运而生。

二、利益相关者理论的发展脉络

其实，从 20 世纪 30 年代起，就有学者和企业界人士关注利益相关者问题。多德在与贝利的论战中指出：公司董事必须成为真正的受托人，他们不仅要代表股东的利益，而且要代表其他利益主体，如雇员、消费者和社区的利益。尽管利益相关者理论的萌芽始于多德，但是，利益相关者作为一个明确的理论概念，最早是由斯坦福大学的一个研究小组于 1963 年在其内部文稿中提出的，意指那些没有其支持组织就无法生存的群体，包括股东、雇员、顾客、供应商、债权人和社会①。而利益相关者观点成为一个独立的理论分支则得益于瑞安曼（Eric Rhenman）和安索夫（Lgor Ansoff）的开创性研究，经弗里曼（Freeman）、布莱尔（Blair）、唐纳森（Donaldson）、米切尔（Mitchell）、克拉克森（Clarkson）等学者的共同努力而完善成型。利益相关者理论经历了三个发展阶段：

第一个阶段是利益相关者理论影响企业生存的阶段，时间大致是从 1963 年斯坦福大学研究小组给出利益相关者定义，到 1984 年弗里曼发表《战略管理——一个利益相关者方法》。在这个阶段，人们开始认识到，企业存在的目的不仅仅是为股东服务，在企业中还存在许多关系到企业生存的利益群体。

---

① 刘俊海. 公司的社会责任［M］. 北京：法律出版社，1999.

学者们认为应该把利益相关者理解为企业生存的必要条件，关注的重点是企业的利益相关者是谁、利益相关者参与的基础与合理性问题。

第二个阶段是利益相关者理论实施战略管理阶段，时间是20世纪80~90年代。这一时期，美国经济学家弗里曼给出了利益相关者的经典定义，把利益相关者理论应用于企业战略管理研究，强调利益相关者在企业战略分析、规划和实施中的作用，弗里曼还从所有权、经济依赖性和社会利益三个不同角度对利益相关者进行了分类，提出了一套问题样本，以帮助企业管理者识别主要的利益相关者。所以，人们通常把弗里曼《战略管理——一个利益相关者方法》一书的出版视为利益相关者理论正式形成的标志。

第三个阶段是利益相关者理论参与企业所有权分配的阶段，时间是20世纪90年代至今。对于企业而言，利益相关者的权重是一样的抑或是不同的，如何区分各种不同的利益相关者？瑞安曼、安索夫、弗里曼、布莱尔、唐纳森和克拉克森等学者在这方面进行了卓有成效的研究，不仅从多个角度和层面界定了利益相关者，而且提出了寻找利益相关者的分类方法，使利益相关者理论形成了比较完善的理论框架，并在实际应用中取得了很好的效果。

20世纪80年代以来，利益相关者理论的影响迅速扩大，不仅在学术界引起了广泛的关注，而且在实践中也得到了政府和法律界的大力倡导。在美国，利益相关者理论不仅为各州进行非股东利益相关者立法提供了正当性，也为法院判例考虑企业的社会责任提供了理论上的支持。

1990年，美国宾夕法尼亚州通过了具有标志性的《宾夕法尼亚州1310法案》。该法案主要包括五项条款，分别是信托责任条款、控股条款、转让条款、员工解雇补偿条款和劳动合同条款。该法案的五项条款中，前三项意在强化管理者抵御恶意收购的能力，而后两项则用于一旦恶意收购得逞后来保护员工的利益。该法案动摇了传统的"股东利益至上"观念，要求董事会不仅要对股东负责，还必须要对利益相关者负责，将企业的责任对象由股东转向了广泛的利益相关者，为企业应该对利益相关者负责提供了强有力的法律支持。

当然，对非股东的其他利益相关者立法的批评意见也不绝于耳。例如，美国的《商业周刊》杂志认为宾夕法尼亚州的新公司法破坏了资本主义的核心概念：董事会和经理应该为股东负责。《福布斯》杂志甚至将其斥之为"宾夕法尼亚州式的社会主义"。企业的社会责任要求公司董事作为各类公司利害关系人团体的受托人，多行善举，同时兼顾股东和社会的利益，这就意味着摒弃只强调股东利益的传统理念。因此，美国哥伦比亚大学法学院的贝利教授认为，企业社会责任给现代公司带来了一场革命。

三、利益相关者理论的核心概念

自斯坦福大学研究所于 1963 年提出利益相关者概念以来，利益相关者理论得到了经济学、管理学、法学、社会学和企业伦理学等学科学者们的广泛关注，米切尔等详细梳理了关于利益相关者的各种研究文献，列出利益相关者定义近 30 种。总体来讲，利益相关者在结构上具有层次性和可变性。这些定义大致可以归纳为三类：

第一类定义是最宽泛的，认为凡是能够影响企业活动或被企业活动所影响的自然人或团体都是利益相关者。比较有代表性的是弗里曼的定义：利益相关者是指"能够影响一个组织目标的实现或能够被组织实现目标的过程影响的所有团体和个体"。弗里曼的定义提出了一个普遍的利益相关者概念，不仅将影响企业目标的个人和群体视为利益相关者，同时还将企业目标实现过程中受影响的个人和群体也看作利益相关者。弗里曼这一经典定义被广泛采用。

第二类定义略加限制，认为只有与企业有直接利害关系的自然人或团体才是利益相关者。将政府、社会组织和社会团体等排除在外。利益相关者是这样一些人，他们因企业活动而受益或受损，他们的权利因企业活动而受到侵犯或受到尊重（伊万、弗里曼，1988）。万建华（1998）认为在管理理论与实践中，企业的利益相关者通常被划分为两个层级：第一级利益相关者被认为是与企业之间拥有正式的、官方的或契约的关系，包括财务资本所有者、人力资本所有者、政府、供应商和顾客等；而所有其他利益相关者就被划入第二级，包括社会公众、环境保护组织、消费者权益保护组织、所在社区、市场中介组织、新闻媒体等。

第三类定义外延最为狭窄，只将在企业中下了"赌注"的自然人或团体定义为利益相关者。用主流经济学的语言来表述就是，只有在企业中投入了专用性资产的自然人或团体才是利益相关者。以克拉克森等为代表，如"利益相关者已经在企业中投入了一些实物资本、人力资本、金融资本或一些有意义的价值物，并因此而承担了一些形式上的风险，或者说他们因企业活动而承担风险"。

尽管利益相关者的定义五花八门，但是通过对上述定义的分析，我们可以发现企业利益相关者的基本内涵有两个：其一，利益相关者受到企业实现其目标过程的影响，同时其活动能够影响企业目标的实现，旨在强调企业的利益相关者与企业活动的关联性；其二，利益相关者在企业中有投入，这种投入既包括物质资本，也包括人力资本和社会资本等，旨在对利益相关者的范围加以必要的限制。应该说，广义的概念能够为企业管理者提供一个全面的利益相关者分析框架；而狭义的概念则有助于确定哪些利益相关者对企业具有直接影响。

为了理解利益相关者理论的核心理念，最为有效的方法是从对比两种不同的企业治理模型入手。

1. 传统的股东利益主导模型

股东利益主导模型的结构关系如图 3 - 1 所示。这一模型已经在经济学界和企业管理者中流行了两个多世纪。在这个模型中，企业通过经济活动将所有者的资本、供应商的原材料和员工的劳动相结合，生产出产品，通过出售满足消费者的需求。企业在事实上是一个投入—产出的转换器，企业是所有者的私人财产，股东依法享有企业的最终控制权，从而保证企业经营的主要和唯一目的是股东利益最大化。按照股东主导模型，考察企业的方法就是强调企业对股东的责任。

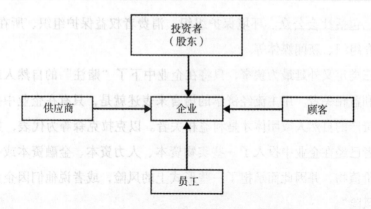

图 3 - 1   企业治理的股东利益主导模型

2. 企业的利益相关者模型

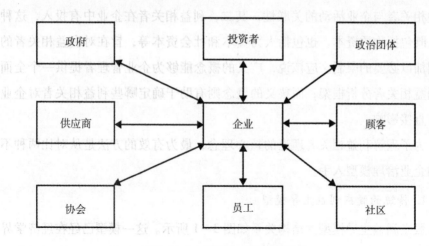

图 3 - 2   企业的利益相关者模型

　　企业的利益相关者模型的结构关系如图 3 - 2 所示。从这一模型中可以看到，企业位于一系列多边关系的中心，企业和各利益相关者之间是一种双向互动关系，各种利益相关者都向企业投入了物质资本、人力资本和社会资本，有权利从企业获得一定的收益。企业对每一利益相关者的利益都必须予以考虑，要对他们的利益要求作出恰当有效的反应，而不能仅考虑股东的利益，把企业视为增加股东财富的工具。

按照利益相关者模型，企业需要对社会中众多的利益相关者承担责任，企业经营是为了实现客户、员工、供应商、股东以及其他利益相关者的利益最大化。

上述两种模型之间的差异主要体现在以下几个方面：

（1）企业所有者的定位不同。在股东主导模型中，企业是股东的私人财产，股东拥有企业的控制权和剩余索取权；在利益相关者模型中，股东、顾客、员工、债权人等各利益相关者都为企业进行了不同的"投资"。因此，企业并不仅仅归出资人所有，而且为各利益相关者所共有。

（2）企业的目标不同。按照股东主导模型，企业经营的主要目标是为了实现股东（出资者）资产收益的最大化。为了达到这一目标，企业甚至会削减其他利益相关者的利益。利益相关者模型认为，给利益相关者以最充分的考虑是压倒一切的要求，企业存在的目标就是为利益相关者和社会有效地创造财富。

（3）企业的决策模式不同。在股东主导模型中，企业的决策主要由股东和管理者做出，其他利益相关者基本上不参与企业的决策。而在利益相关者模型中，由于利益相关者各方的利益都必须被考虑，因此，一个符合逻辑的选择就是应该吸收各利益相关者的代表参与企业的决策。

（4）对企业绩效的评价不同。股东主导模型关注的是企业的财务经济关系，主要以定量分析为主。利益相关者模型要求企业绩效评价既包括利润等经济指标，又包括对利益相关者的责任等社会责任指标。

通过比较股东主导模型和利益相关者模型，我们可以把利益相关者理论的核心理念概括为：企业是一个为其一切构成要素创造价值的市场制度和社会经济体系，是其利益相关者相互关系的联结。企业的目标和责任不只是对资产所有者负责，而且要对所有的利益相关者负责，它包括股东、雇员、顾客、商业伙伴、政府等，公司管理者的职责是使企业创造的财富最大化，而不只是股东利润最大化。利益相关者管理的伦理基础是：企业的利润最大化目标受制于社会公正，这个公正不仅指个人权利，还应扩展到所有在企业事务中有利益的群体。企业从本质上讲，不只是一个经济主体，作为社会成员，它们的行为同时也要担负起社会责任。

第二节　政企关系存在的制度背景

一、政企关系概念界定

1. 关系及其含义

提到政企关系，我们需要先了解什么是"关系"。从字面来看，"关"是构成事物机体的重要节点，"系"则指反映重要节点之间的联系。"关系"则指社会组织或有机体内部的核心职能部门之间的相互关联情况，而且这种关联会影响各个节点职能的发挥。

在西方国家，人们对"关系"的关注最初出现在政治经济学领域。马克思在《资本论》中对人的本质进行了经典概括："人的本质是社会关系的总和。"在这里，马克思提出了社会关系的概念。而"关系"属于非正式制度范畴。按照新制度经济学的观点，制度（Institution）是约束人们行为及其相互关系的规则，它包括正式制度和非正式制度。正式制度指人们有意识地建立并以正式形式加以确定的各种制度安排，包括政治规则、经济规则和契约等。非正式制度则是指以道德观念、文化传统、风俗习惯和意识形态等形式存在于人们内心世界的规则。

但是在新制度经济学的发展中，从鼻祖科斯、道格拉斯·诺斯到国内学者柯武刚都注意到正式制度存在无法克服的局限性。范英杰（2006）指出，在现代社会中，正式制度只占整个社会约束中很少的一部分，人们生活的很大一部分空间往往由非正式制度来约束规范。当正式制度出现疏漏与误导时，就需要非正式制度的支持才能使契约有效运行。政企关系就是本书所探讨的非正式制度之一。

中国一直被外界看作强调人际关系和社会网络的社会，且我国的关系从含义来看，与国外还有区别。例如，在词汇选用与表达方面，国外用"GUAN XI"（"关系"一词的汉语拼音）来描述具有特定含义的中国式关系，以此区别普通意义上的关系"Relation"一词。无疑，这个区分是恰如其分的。首先，"GUAN XI"一词具有独特的内涵。费孝通指出：在中国社会中，"关系"是十分本土性又十分微妙的，即便同正式的官方机构打交道，关系也是非常有用的渠道。其发达程度远远超过以繁冗著称的正式官僚体制。同时，他还指出"关系"是理解中国社会结构和中国人心理与行为的一个核心概念。因为每个中国人都生活在由各种关系交织而成的网络中，人际关系、市场和国家共同构成了保障社会有效运行，促进经济发展不可或缺的三大机制。

同样，要认识我国转型经济背景下的企业行为，当然不能忽视关系的重大影响。张军（1995）指出"关系"这一非正式的经济手段在转轨经济中所起的作用是极其重要的。关系的基本功能首先表现在其作为一种非正式制度，与正式制度之间具有一定的替代性，因而能降低交易成本和减少经济中的不确定性。

企业是经济活动的主体，是经济行为者，但企业不是孤立的行动个体，而是与经济领域的各个方面发生种种联系的企业网络上的纽结，即企业是在各种各样的关系中运行的。经济社会学认为企业绝不是只有经济功能的组织，而是经济活动嵌入特定的社会结构、社会文化以及社会关系网络之中的社会经济组织。周小虎（2005）指出企业本质上是一个协调系统，分工的基础就是成员间的相互依赖性，经理人员在组织中的作用就是在信息沟通系统中作为相互联系的中心，并通过信息的沟通来协调组织成员的协作活动，以保证组织的正常运转，实现组织的共同目标。李伟阳（2009）指出"企业社会责任本质上是利益相关方合作机制，从追求利润最大化到追求综合价值最大化"，从而将社会关系引入对企业社会责任行为动因的探讨中。

2. 政企关系及其内涵

何谓政企关系？作为"关系"的一种，政企关系特指企业（家）与政治人物、政治团体之间的接触程度和联系程度。并且，在不同政治体制下，政企关系的表现形式有所差异。概括来讲，企业的政治行为策略主要表现在直接参与政治、寻找代言人、调动社会力量、财务刺激等方面。

在西方国家，企业政治行为的总体目标是产生有利于企业持续发展的公共政策。西方企业直接参与政治活动的方式有：争取被政府聘为决策咨询顾问或委员，或者争取加入行业协会，协助政府实施政策法规；寻找代言人策略则包括企业雇用专业游说人员（说客）为企业进行政府游说，或者企业直接找到熟悉的政府官员加强沟通联系；加强经营活动与政治的关联性则是指企业在重要场合请有关政府官员出席或者经常走访有关政府官员等；财务刺激策略则指赞助某个政党或直接进行政治捐赠。

在我国经济转轨的特殊背景下，正式制度的缺失以及政体、文化背景的差异使得我国企业的政治行为表现出不同于西方企业的中国特色。

具体来讲，在直接参政方面，我国企业除了争取加入行业协会、协助政府制定相关政策法规之外，企业领导人还表现出"争取成为人大代表和政协委员、成为中共党员"的愿望。在调动社会力量方面，我国企业常用的策略是"引起媒体、消费者群体、股东群体或其他利益相关者对某些事项的关注，形成一定的舆论导向，间接影响政府及其决策行为"。而在加强经营活动与政治的关联性方面，除了西方企业常用的"在重要场合请有关政府官员出席或者经常走访有关政府官员"等方式外，我国企业的表现还有"做政府号召的事情、做适合政治环境的事情"（比如汶川地震期间政府号召企业捐款，民营企业积极设党支部、工会，并发挥其作用）等策略。财务刺激策略则指以慈善捐款方式，从财务上支持政府举办的各种活动。

我国企业在与政府交往过程中，政府处于强势地位，企业是在政府的管制下运行的，政府管制会直接影响稀缺资源的配置，最终影响企业的交易成本。所以企业与政府部门直接交往越多，越有利于消除企业与作为监管层的政府之间的信息不对称，也更容易争取政府的理解，从而获取稀缺资源和有利的政策支持。张建君（2006）曾指出，企业与政府之间的信息沟通是企业的一种重要的政治行为，这种信息沟通能够通过向政府反映企业或行业的情况，进而寻求政府的理解和支持。

总之，转型期的私营企业先天缺乏与政府的联系，为了获得企业发展所需的资金、土地等稀缺资源，通过各种途径获得政府的认可，处理好政企关系是其必然需求。作为正式制度缺失的一种替代机制，同时也为了避免在相关制度和程序方面走弯路，私营企业家往往选择非制度化的方式——通过前述政治行为，建立与地方官员的关系，进而实现对自身产权和利益的保护。

二、孕育政企关系的制度环境

1. 我国转型经济的特征

中国经济转型始于1978年的经济改革，改革的总体思路是从计划经济转向社会主义市场经济。社会主义市场经济体制是同社会主义基本制度结合在一起的，是社会主义基本制度在经济方面的集中体现。社会主义市场经济的基本特征表现为以下三个方面：①在生产资料所有制结构上，以公有制为主体、多种经济成分共同发展的所有制结构，决定了社会主义市场经济的主体结构。其中公有制（包括全民所有制和集体所有制）必须处于主导地位。非公有制经济成为社会主义市场经济体系的有机组成部分。②在收入分配体制上，以按劳分配为主体、多种分配方式并存的分配结构，制约着市场经济的分配机制。按劳分配为主体，其他多种分配方式为补充的原则，效率优先、兼顾公平。通过运用包括市场手段在内的各种调节手段，既鼓励先进，促进效率，合理拉开收入差距，又设法缓解社会分配不公，防止两极分化，逐步实现共同富裕。③社会主义国家对市场的运行能够实行更有效、更自觉的宏观调控。社会主义国家掌握着国民经济命脉，具有更加雄厚的物质基础，在对经济的宏观调控上，把人民的当前利益和长远利益、局部利益和整体利益结合起来，可以更好地发挥计划和市场两种手段的长处，社会主义市场经济体制能够使市场在国家宏观调控下对资源配置起基础性作用。

制度背景决定了目前我国特殊的行政管理体制，主要表现在以下三方面：一是政府与市场的职能边界不清晰。尽管多年来政府职能历经多次调整改革，但政企不分、政资不分的现象依然不同程度地存在。其主要表现为政府对微观经济运行管得过多、过细，特别是行政审批事项多，严重影响了经济活动的健康运行，造成一些行业垄断经营问题突出等。政府控制资源太多，对市场的介入太深，对生产要素和资源产品价格管制太多，在诸多行业和领域阻碍、制约着非公有制经济的发展。

二是政府公共服务和社会管理职能较弱。政府缺位、越位的问题还没有完全解决，甚至仍较严重。一方面，在一些政府应当发挥作用的领域还存在缺位问题，如市场监管职能在一些地方、领域履行不到位；基本公共服务缺乏质量标准，供给不足。另一方面，在一些本应由社会组织发挥作用的领域存在政府越位问题，政府承担了过多的社会职能，导致政府责任过大、风险过于集中。

三是政府组织结构还不合理，协调运行机制时有不畅。中央与地方之间的事权划分还不十分清晰，财力配置不尽合理；同级政府部门之间权责不清，个别部门同时承担着审批、执行、监督、评价等多种职能，部门之间合作、协调机制不顺畅；对行政权力的监督制约尚需进一步加强。因此，现阶段的行政体制改革，即简政，主要应把职能转变放在更为突出的位置，在政府、市场和社会更为宏观的公共治理层面考虑政府机构改革与职能转变问题，简政限权，激发市场、社会和地方的活力。

2. 民营经济在转型经济环境下的发展

在这种宏观背景下，民营经济的发展道路大致经历了以下阶段：

（1）被压制阶段。在1978年以前相当长的时间内，民营经济是作为公有制的对立物而存在的。私营经济不具有法律上的正当性，它的诞生本身就是"有罪的"，"割资本主义尾巴"曾经作为一条基本政策长期存在，除保留一些人民群众生活必需的个体经济形式外，私营经济在尽可能大的范围内被严格限制，甚至遭禁止。与之相伴的是对资本家的政治排斥。他们不仅在政治地位上是"根正苗红"的工人、农民所专政的对象，处于社会的边缘，甚至连他们的子女也受到牵连，在升学、就业、工作、提干等方面受到不公正待遇。

（2）萌芽阶段。直到 1982 年的《宪法》中，才第一次出现"个体经济"的表述，使长期以来飘摇不定的个体经济获得了合法地位。但与公有制相对应的非公有制经济范围只限于个体经济，其宪法上的地位也只是"补充"，且保留着浓厚的行政管理色彩。在 1987 年召开的中共十三大报告中，第一次正式使用了"私营经济"这个概念，并制定了对私营经济予以鼓励发展的政策。紧接着七届全国人大一次会议通过的《宪法修正案》也规定"允许私营经济在法律规定的范围内存在和发展。私营经济是社会主义公有制经济的补充，国家保护私营经济的合法权利和利益，对私营经济实行引导、监督和管理"，从而第一次以国家根本大法的形式确立了私营经济的法律地位。

（3）明朗阶段。1992 年邓小平同志的南方谈话 ①进一步将私营经济的发展放到了整个改革的战略部署当中，使私营企业政策更加明朗化。随后召开的中国共产党第十四次全国代表大会明确提出："在所有制结构上，以公有制包括全民所有制和集体所有制经济为主体，个体经济、私营经济、外资经济为补充，多种经济成分长期共同发展。"②

1997 年中共十五大提出"公有制为主体、多种所有制经济共同发展，是我国社会主义初级阶段的一项基本经济制度……非公有制经济是我国社会主义市场经济的重要组成部分。对个体、私营等非公有制经济要继续鼓励、引导，使之健康发展"。从此，私营经济等各种非公有制经济不再外在于社会主义经济制度，而是内含于社会主义基本经济制度之中，是社会主义基本经济制度的组成部分。

1999 年通过的《宪法修正案》第 16 条对原《宪法》第 11 条内容又进行了修改，在原条文第 1 款规定"个体经济"后增加规定"私营经济等非公有制"的形式，把"个体经济是社会主义公有制的补充"修改为"在法律规定范围内的个体经济、私营经济等非公有制经济，是社会主义市场经济的重要

---

① 南方谈话中指出："农村改革初期，安徽出了个'傻子瓜子'问题。当时许多人不舒服，说他赚了 100 万，主张动他。我说不能动，一动人们就会说政策变了，得不偿失。""要采取'三个有利于'的标准来判别姓'资'姓'社'的问题。"

② 姜南扬. 一个重大而理论的实践课题——谈非公有制经济及其代表人士 [M] //张厚义，明立志. 中国私营企业发展报告（1978～1998）. 北京：社会科学文献出版社，1999.

组成部分"。

（4）蓬勃发展阶段。2003 年，中共十六届三中全会通过的《中共中央关于完善社会主义市场经济体制若干问题的决定》提出"大力发展和积极引导非公有制经济，个体、私营等非公有制经济是促进我国社会生产力发展的重要力量"。号召消除阻碍非公有制经济发展的各种体制性障碍，放宽市场准入，允许非公有资本进入基础设施、公用事业及其他行业和领域，让它们在投融资、税收、土地使用和对外贸易等方面，与其他企业享受同等待遇。

2004 年第十届全国人民代表大会第一次会议通过的《中华人民共和国宪法修正案》，对《宪法》第 11 条进行了第三次修改，明确了"国家保护个体经济、私营经济等非公有制经济的合法权利和利益"。通过对同一条款的三次修改，非公有制经济的宪法地位才最终得以完整确认。直到这时，我国的民营资本可以说才摆脱了自诞生起所背负的原罪，开始为体制所接纳，成为合法存在物①。

由此可见，从最初"割资本主义尾巴"到"社会主义公有制经济的有益补充"，再到"社会主义市场经济的重要组成部分"，直至 2004 年《宪法》明确提出的"国家保护个体经济、私营经济等非公有制经济的合法权利和利益"，非公有制经济的曲折发展历程表明，在我国由计划经济向市场经济转轨的过程中，私营（民营、民营控股等企业）企业主的社会地位较低，私营企业的发展也难免受到政策歧视，尤其是我国当前健全法律体系的缺失以及相应的产权保护不完善，更是制约了私营企业的进一步发展。

基于我国现实的制度背景，总体来说，与根正苗红的国有企业相比，私营企业面临着在制度的夹缝中艰难求生的困境。私营企业家作为企业的创始人以及决策者，更能深刻感受到生存的不易，即便在当下有利于私营经济生存发展的环境下，其对企业的经营也是战战兢兢，如履薄冰。这种不安全心态使得私营企业经营者与国有企业经营者在经营企业方面的行为表现出相当大的差异。本书关注的是这种"产权性质"差异在社会责任领域对企业经营

---

① 李寿双. 理性对待资本之二 [EB/OL]. http：//blog. sina. com. cn/s/blog_ 493bfc42010007jh. html.

者行为的影响。这也是本书在后面章节选择"产权性质"作为企业捐赠行为政治动因代理变量之一的原因。

3. 我国特殊的证券发行审批制度

我国证券市场产生于我国转型经济环境中，上海证券交易所成立于1979年，而深圳证券交易所则晚一年，可以说是在我国传统计划经济体制下萌芽，在社会主义市场经济体制框架下孕育，伴随着国有企业公司制改革的过程快速成长起来的（李东平，2001）。迄今为止，我国的证券市场仅经历30多年的发展，与西方发达国家200多年成熟的资本市场相比，在很多方面有待改善。尤其在证券发行等政策制定层面，作为一个新兴加转轨的特殊市场，其治理方式的基本特征是"大政府、小市场、弱法治"，即行政力量发挥的作用较大，而市场和法治的功能较弱（夏立军，2009）。政府对证券市场运行影响广泛，具体体现在企业上市、再融资以及股票特别处理等环节都必须经过政府相关部门的"审批"，人为地延长企业申请上市的时间，"弱法治"的法律环境导致被赋予审批权的政府部门缺乏有效监督，甚至在某些审批领域造成企业的"寻租"行为和"壳资源"的存在。上市成功的企业即使经营不善也没有退市的压力，不仅弱化了市场竞争机制，"壳资源"的存在也使我国资本市场投机成风，不利于证券市场的健康发展。此外，政府审批的后果之一是我国大部分上市公司的最终控股股东为各级地方政府。

具体来看，证券监督管理委员会（以下简称"证监会"）等政府部门对企业上市的管制，主要体现在行政审批与计划额度管理两个方面①。我国政府对股票发行实行行政审批，完全由行政机关对证券发行进行审批，审批程序分为三个阶段。第一阶段是额度分配，由证券主管部门根据国家经济发展总体布局和产业政策，确定每年总的发行规模，并将总额度分配给各省市及各部委，再由其将额度分配给其所属的企业。第二阶段是进行企业预选，即各省市在发行额度或家数确定后，由地方政府或各部委根据企业的申请，初步确定若干企业作为预选企业，供证监会审核。第三阶段是批准发行，分为

---

① 李增泉. 国家控股与公司治理的有效性［D］. 上海财经大学博士学位论文，2002.

初审和复审两个阶段：初审是由证监会发行部工作人员对各地区各部门推荐的发行人进行初步审查；复审则由证监会设立的证券发行审核委员会进行。

由此可见，审批制意味着长期以来我国证券市场的股票发行安排都带着浓厚的行政色彩，市场机制在其中的作用很有限。由于从企业的选择到发行上市的整个过程透明度不高，为了实现自身目标，各地方政府和行政主管部门都倾向于选择其下属的国有企业来发行股票。国有企业是否改制上市，政府首先考虑的是对重要产业的控制、对垄断利润的保护以及利用国有企业上市从资本市场获取的资金。私营企业则由于产权性质的约束，较难获取股票发行资格。

额度制是指每年先由证券主管部门下达公开发行股票的总规模，在此限额内向地方和部委切分额度，再由地方和部委确定预选企业，上报证监会审批。中央政府通过对股票发行规模的控制，不仅可以防止股票发行失控从而威胁银行的资金计划，而且可以按计划将社会闲散资金配置到政府认为需要的部门和地区。

在额度制下，在一定程度上从客观层面刺激了许多劣质国企利用政府的这一政策，通过不正当途径获取稀缺的上市资格，并在资本市场上大肆圈钱。获取上市指标而又缺乏符合条件的大型国有企业的地方政府会通过捆绑上市公司来最大化其融资规模（曾庆生，2004）。

2001年3月，证券业协会颁布了《关于证券公司推荐发行申请有关工作方案的通知》，推出了核准制下的配套方法"通道制"（即"推荐制"）。2003年12月，中国证监会发布《证券发行上市保荐制度暂行办法》，"保荐制"替代了"通道制"，同时自2005年1月1日起废止"通道制"（李东平，2001）。虽然我国证券发行审核制度一直处于不断变迁之中，其目的是提高上市公司质量，但是，政府仍然具有控制企业发行股票的权力，其对股票发行企业的隐形担保造成发行市场运行机制受损，加之股票定价机制的缺陷，使得保荐制度也未能实现保障发行质量的目的。

正如韩志国（2001）所言，额度控制、行政保荐的证券发行办法，使得政府完全垄断了股票的发行市场。什么企业能够上市公开发行股票，在什么时候才能发行与上市，按什么价格发行以及发行多少，都是行政审批和行政选择的结果。这种制度安排不仅堵塞了真正具有社会化特点的市场融资渠道，也使企业行为不断地向行政权利和行政机制倾斜，股票的发行和上市行为在某种程度上就演化为企业对政府的"公关"行为。这种行政审批主导下的股票发行最终结果就是国有企业构成了我国证券市场的微观基础，并把上市公司利益与地方政府利益紧密联系起来①。

鉴于上述对我国资本市场证券发行安排的制度背景分析，我们认为，在现实的制度环境中，取得上市资格较早的企业不仅业绩好，无疑还具有较强的"公关"能力，表明其较强的政企关系；此外，在获取上市资格的难易程度方面，私营企业更甚于国有企业，即取得上市资格较晚的私营企业其政企关系可能较弱。因此，在本书后面章节我们选择"上市年限"指标作为衡量我国企业捐赠行为方面"政治动因"强弱的代理变量之一。

三、政企关系：一种替代机制

1. 政企关系是对特定时期正式制度不完善的必要补充

（1）我国转型经济的现状决定了政府干预存在的必然性。

尽管市场经济是人类社会迄今为止最具效率和活力的经济运行机制和资源配置手段，但是单纯地利用市场来调节资源的话，有其自身难以弥补的局限性，很难达到帕累托最优状态，导致资源得不到有效的配置，形成"市场失灵"。

市场和政府作为资源配置的不同方式，分别在各自领域发挥作用。作为转型经济国家，我国原有的计划经济体制依靠国家行政权力分配资源，而经济转型的目标社会主义市场经济体制则倡导发挥市场在资源配置方面的作用。因此，在新兴加转型的特殊经济时期，我国最大的制度特征就是"混合经济"，决定了我国现阶段的资源配置方式的多元化。即原有的行政权力配置

---

① 李增泉. 国家控股与公司治理的有效性［D］. 上海财经大学博士学位论文，2002.

资源方式在许多领域依然存在，而市场经济体制中的价格、竞争等机制也在发挥作用，但是市场机制又没有完全地建立起来，导致现阶段我国经济中市场、政府两种配置资源方式同时存在，并且两者的权力边界不清，在部分领域甚至出现了越位。

尤其是受我国多年计划经济的影响，政府仍然是资源和合法性的关键来源。由于我国采取渐进式市场改革，政府在经济中至今仍然保持较高水平的控制。政府除了通过国家发展战略和行业政策影响企业运作外，各级政府还拥有分配关键资源的权力（如土地审批等），通过发放商业准入、项目审批、财政补贴和税收豁免（或滞纳）以及提供基础设施（Li、Meng、Wang 和 Zhou，2008；张建君、张志学，2005）等，影响企业经营活动。例如，政府在很大程度上直接或间接调控着企业生产所需的原材料、土地等稀缺资源。对于很多不可再生的资源，包括我国在内的许多国家都禁止掠夺性的开采。政府在限制开采数量的同时还对开采的技术指标设定很严格的规定。政府对企业生产所需资源数量的限制，必然使得企业生产的产品数量受到影响，最终影响企业利润。

因此，我国转型经济的现状决定了政府干预的存在性，因此市场竞争机制发挥作用的领域还很有限。在这种社会背景下，企业为了生存，不得不屈服于一些潜在的规则。例如，2014 年 7 月 17 日，新华社报道北京大学开设有 66.8 万元的天价后 EMBA 培训班，引起社会的广泛关注。为什么商人都热衷于这种高额消费，是培训班内容含金量高，确实对自己管理企业有所帮助，还是另有所图？根据《北京青年报》记者的调查，后 EMBA 项目的学员组成情况是政府官员和企业家各占一半。并且几十万元的培训费用进行的是一个月两三天，"带你玩"性质的培训内容，从表面来看，这似乎不符合商人的逐利本性。这背后的原因何在？企业家给出的答案是北京大学 EMBA 提供的资源平台，这种培训可以给予工商界人士结交官员的机会，高额培训课程被逐渐异化为官商共生，打造人脉圈的"资源聚集地"。企业家之所以愿意花费大量金钱和精力缔造和政府的关系，说明良好的政企关系确实能为其带来超额经济利益。这也反映了转型经济社会的一种特殊现象。

（2）对经济利益的追逐是企业家寻求政企关系的核心。

政企关系从字面来看，就是企业主所拥有的政府资源。主要表现为企业家处理和政企关系的能力或者对政府的"公关能力"。概括来讲，拥有良好的政企关系不仅有助于企业提高参与政治活动的能力、影响政策制定，从而获得满足自身偏好的管制政策，提高竞争优势；还有助于降低政府管制行为给企业生产经营活动带来的不确定性，帮助企业获得有用的信息，攫取稀缺资源，帮助企业获得经营合法性等。

此外，政府政策还会影响企业的声望、企业的政治影响力等非货币形式的产出，使得企业在拓展市场和形象宣传上的成本发生改变。例如，在私营经济政策不断变动时期，一些温州的草根企业家为了寻求政治上的依靠和保护，纷纷建立基层党组织。1992年以来，一些对政治比较敏感的企业主，如浙江传化集团的徐冠巨、温州正泰集团的南存辉、温州神力集团的郑胜涛等，开始把支持企业建立党组织视为企业发展的靠山和指导企业发展方向的灵魂，积极主动配合当地党委在本企业建立基层党组织，配合开展党的工作①。后来的实践证明，他们的"政治投资"也获得了丰厚的回报，徐冠巨先后获得多种政府安排的头衔②，最高为第九届全国政协委员。

因此，政企关系的存在有其必然性。它是企业主为了克服我国转型经济阶段法律、产权和金融发展等不利制度环境，保护自己合法权益进行的一种理性选择。民营企业的政企关系不但是其产权保护的一种替代机制，而且还是民营企业重要的政治资源。

2. 政企关系的构建途径

前文论述了面对制度约束，民营企业家会努力寻找替代性的非正规机制来克服落后的制约企业发展的阻碍。其中试图与政府建立良好关系就是一种非常重要的策略。那么，企业家通常会采取哪些途径和政府建立良好的关

---

① 王孔瑞. 老板入党：当"资本家"遇到党支部 [J]. 瞭望（东方周刊），2006（9）.
② 徐冠巨先后获得的多种政治头衔包括：浙江省第六届工商联副会长、萧山工商联副会长，浙江省第七届工商联副会长、杭州市工商联副会长、杭州市政协常委、杭州市萧山区政协副主席、萧山区工商联会长，浙江省第八届工商联会长、第九届全国政协委员、全国第九届工商联常委。

系呢？

根据费孝通先生的理论，在我国，人际关系一般有两种基本成分，"既有的关系"和"交往形成的关系"。既有的关系包括血缘关系，地缘关系，同乡、同学、同姓关系等，这种关系的获取一定程度上取决于缘分，往往在一个人生命的早期阶段被无意识地建立起来，等人们踏入社会时，这种关系网已经存在了。而后者则是指实际交往行为的结果，更多情况指人们出于某种目的，有意识地建立起来的社会关系网。说明在现实生活中，人们在不具有先天关系的情况下，也可以通过积极的社会交往，寻求后天的社交网络，所谓"有关系就用关系，没关系就要找关系"。

后天关系网的构建，曾引起我国学者的广泛关注。乔建（2001）系统地总结了当代中国人建立和维持关系的六种方法：袭（承袭已有的关系资源）、认（主动与他人确认共同的关系基础，如认老乡）、拉（没有既有关系或既有关系太远时努力拉上，强化关系）、钻（通过各种手段，如校友关系、老乡关系等接近权威人物）、套（如套交情、套近乎等）、联（扩展关系网）。

在政企关系网的构建方面，民营企业家也进行了积极的尝试。20 世纪 90年代早期，许多私营企业家选择了"红帽策略"，即将自己的企业注册为"集体所有制企业"。产权性质集体所有这顶"红帽"不仅使私营企业在意识形态上容易被接受，也为其赢得了重要的资源优势，如更容易获得税收优惠、银行贷款等。

陈家喜（2007）将企业家与官员的"关系模式"分为下列四种：①利用"既有关系"（指建立在血缘、友谊、"同窗同学"关系基础上的各种先赋性关系）；②利用金钱、礼物建立关系；③利益捆绑（如"干股"、"搭股"、合伙开办企业，让官员参与企业的利益分享）；④招募政府官员等。

张建君（2005）的研究表明，中国的私营公司目前大致通过以下渠道正式参与政治活动：①进入人大、政协，这是最直接最有效的方式；②在工商联、青联、妇联等社团组织担任一定职务，从而与政府部门有接触；③加入共产党，中共十六大修改的党章允许私营企业家阶层的优秀人士入党，也为其寻求政企关系提供了制度基础；④与政府领导人保持经常的联系；⑤通过捐赠、参与公益事业等。钟宏武（2007b）还指出，与国外相比，中国企业运用慈善捐赠向政府"寻租"更为普遍。

由此可见，对于不具备先天政企关系的企业来讲，其建立政企关系的途径总体上有两种，或者使用金钱建立政商联盟、重金聘用前政府官员等经济途径，而这需要企业具有一定的经济基础。或者企业主选择积极参与政治活动，通过进入人大、政协；在工商联、青联、妇联等社团组织担任一定职务；加入中国共产党，取得一定的政治身份等方式。但是，并非所有的企业主都有这种参政议政的资格，只有那些资金雄厚、业绩优秀、市场声誉良好的企业主才有可能得到当地政府的青睐，也才会有和政府官员交流沟通的机会。更多名不见经传的中小企业则很难进入这种社交圈，也就失去了结识政府工作人员的平台。

"通过捐赠、参与公益事业"这种履行社会责任的方式或许是中小企业和政府处好关系的可行途径。首先，慈善事业的自愿性决定了其准入门槛较低。因为是自愿，献爱心可以不论出身。对捐赠者的身份以及社会地位等都没有限制，不要求企业主具有相应的政治身份，捐赠数额、捐赠方式都不受限制，对企业经济能力要求不高，这使得财力不是那么雄厚的民营企业家可以有所作为。其次，慈善事业的公益性使其能够获得社会的广泛认同，成为企业家塑造自身以及所在企业正面形象的首选方式。因为慈善捐赠作为企业承担社会责任的高级形式，一方面是政府所倡导的构建和谐社会的重要元素，另一方面企业参与慈善事业也是在积极响应政府号召，有利于营造和谐的政商关系。最后，从企业自身来讲，参与慈善捐赠等公益事业还是优化资源配置、获取社会资本的一种经营策略。

3. 政企关系及其衡量

基于本章第二节对政企关系的界定和我国转轨经济的客观环境，现有研究关注民营企业的政企关系，研究领域主要集中于政企关系对企业绩效的影响，政企关系对企业进入政府管制型行业的影响，政企关系对企业获取银行贷款、土地使用权等稀缺资源的影响等。研究得出的结论是：在目前的法律制度尚不能够为民营企业产权提供充分法律保护的情况下，作为法律保护缺失的一种替代机制，民营企业的政企关系在保护民营产权方面发挥了积极的作用。

政企关系（Political Connection）的衡量。前述文献衡量企业政企关系的方法（胡旭阳、罗党论等）主要是以民营企业创始人不同级别的政治身份（如全国人大代表或政协委员、省级人大代表、市级人大代表等）作为代理变量。企业创始人的参政议政级别越高，表明企业拥有的政治资源越多，与政企关系越密切。

企业建立政企关系的动因。动因即动机，在心理学上一般被认为是促使（激励）人们从事某种活动的念头。由于动因具有不可观察性，隐藏于人们行为的背后。我们往往通过某人的行为从逻辑上推测其做事的动机。政治动因指企业以建立良好的政企关系为目的的行为动因。根据前文的分析，从事慈善捐赠可以为企业家带来广泛的社会关注，获得社会和政府的认可，因此本书着重研究企业在汶川地震中的慈善捐赠行为及其行为背后的动因。需要注意的是，虽然企业通过政企关系寻求政府保护对企业发展十分重要，但是企业寻求政企关系不等于就得到了政府保护。

与已有文献不同，根据前文对企业产权性质和上市审批环节制度背景介绍，我们将"产权性质"、"上市年限"作为企业政企关系的代理变量，并根据政企关系的强弱来度量企业捐赠行为背后建立政企关系的动因的强弱。鉴于前文分析，本书对上市公司建立政企关系的动因的衡量逻辑是：政企关系弱的企业，为了更好地生存发展，更急于和政府建立良好联系，而公益捐赠是企业增强政企关系的现实途径，从而从其捐赠行为和信息披露行为来推测行为背后隐藏的建立政企关系的动因。

具体体现在汶川地震这个震惊中外的特大事件中，这些企业捐款意愿较强，捐款数额较大等；并且在捐款后急于向公众传递自己的善行。我们因此预期，我国的民营上市公司因为天生的产权性质不利，更需要寻求政企关系的保护。即在汶川地震捐款中，民营企业的捐赠行为会与国有企业存在较大差别。由于私营企业的政企关系要弱于国有企业，且上市较晚的私营企业其政企关系较弱，因此我们认为私营企业和上市越晚的企业其捐赠行为背后建立政企关系的动因越强。

此外，本书的选题涉及经济学、管理学、社会学以及转轨经济等领域的交叉研究，为了不产生歧义，笔者在这里对文章涉及的一些重要概念也一并进行界定和说明。

企业社会责任（或企业公民）：企业社会责任概念包括经济责任、法律责任、伦理责任和慈善责任等不同层面，本书重点关注慈善责任的公益捐赠方面。

公益捐赠，即慈善捐赠，本书特指汶川地震捐款。与一般意义上的捐赠相比，这种捐赠不具有可持续性。

第三节　本章小结

本章是理论分析部分，旨在从逻辑上论证本书的研究主题。

首先，我们分析民营经济在我国转型制度背景下发展的不利现状，基于这种制度背景，总体来说，本书认为私营企业的政企关系要比国有企业弱，这种弱势地位内生于企业的产权性质。接着论述了我国政府对证券发行的特殊制度安排，说明了在现实的制度环境下，越早取得上市资格的企业无疑具有越强的政企关系，而且在获取上市资格的难度方面，私营企业更甚于国有企业，从而为后文企业建立政企关系动因的衡量奠定理论基础。

其次，分析了政企关系作为正式制度缺失的一种替代机制存在的合理性和必要性。转型期的私营企业由于先天缺乏政企关系，为了获得企业发展所需的资金、土地等稀缺资源，通过各种途径获得政府的认可，处理好与政企关系是其必然需求。因此，私营企业主往往选择非制度化的方式——通过各种政治行为，建立与地方官员的关系，实现对自身产权和利益的保护。而"通过捐赠、参与公益事业"方式是寻求政企关系的一种途径。

　　最后，是对慈善捐赠的探讨。本书认为，随着公司捐赠意识的改变，企业的捐赠理念和捐赠行为也表现出了不同的阶段性特征。纯公益性的利他动因（或道德动因）、利己性的经济动因以及将慈善与公司战略结合的双赢动因是国内外企业慈善捐赠行为演变的共同之处，但是建立政企关系的动因却是处于经济转型期国家的企业所特有的。

　　在我国特有的制度背景下，慈善捐赠不仅具有缓解社会两极分化的宏观职能，在微观层面上，企业的捐赠行为还被赋予了特殊功能，即企业寻求政企关系、获得社会认可的现实选择。因为慈善捐赠是企业承担社会责任的最高层次，从政府方面来讲，自然希望企业积极承担社会责任。从企业自身来讲，慈善捐赠的自愿性决定了其准入门槛较低。而突发的地震灾害为有心和政府处好关系的企业家提供了现实机会。

　　总之，本书认为在我国转型经济背景下，公益捐赠是缺乏政企关系的企业寻求政府保护的一条现实途径。即企业公益捐赠行为背后蕴含着寻求政企关系的动因。因此，本书着重探讨上市公司公益捐赠行为、随后的捐赠信息披露行为背后蕴含的建立政企关系的动因，以及资本市场投资者对这种有特殊目的的捐赠行为的认可情况。

第四章 我国企业社会责任行为动因分析

第一节 问题的提出

随着我国经济社会的发展，企业社会责任问题逐渐成为公众、政府、企业等关注的话题，近几年甚至上升到了可持续发展、构建和谐社会的高度。如果不是 2008 年的汶川地震，人们对企业履行社会责任的概念可能仍然停留在合法经营、安全生产、保护环境等方面，而不会特别关注企业社会责任的公益捐赠层面，突发的灾难激发了人们的爱心，社会各界踊跃捐款的善举引发了学术界对公益捐赠行为的关注。

汶川地震以来，社会各界积极捐款，作为社会主要经济实体的企业则构成了这股捐款潮的主角。日照钢铁集团慷慨捐助 1 亿元，引起了广泛的社会关注，也使这个一度默默无闻的企业走进了公众视野。日照钢铁集团为什么会如此慷慨，仅仅是出于利他的无私动机，还是另有隐情？

正如赖特·米尔斯在《社会学想象力》中所提倡的，"只有当我们把社会现象置于历史和社会结构的交叉点上，我们才能更好地理解社会现象"。同样，经济转型背景下的公益捐赠行为也不再是纯粹的道德问题，其背后隐含着十分复杂的社会、经济、文化甚至是政治因素。撇开特定的制度环境空谈公益捐赠，得出的结论难免有失偏颇。因此，在我国转型经济背景下，企业捐赠行为的背后有什么动因，这些动因受哪些因素影响值得我们深入探讨。

第二节 公益捐赠的发展状况

一、公益捐赠的理论基础

对企业公益捐赠行为的理论研究，始于 20 世纪 70 年代兴起的企业社会责任理论（CSR）以及由此拓展的利益相关者理论（Stakeholder Theory）。20世纪 70 年代后期，西方社会和企业面临着一方面公众希望企业提供更多的捐赠，另一方面企业迫于竞争压力又不得不紧缩支出的困境，这种现实的矛盾导致了以"企业—社会双赢"为核心特征的策略性慈善行为的诞生。利益相关者理论站在广阔的社会关系立场上，提出企业的多元责任，从而颠覆了"股东利益至上论"，它的提出为企业社会责任奠定了理论基础。

企业公民理论是企业社会责任理论的延伸。"企业公民"是由英国的公民会社在 20 世纪 70 年代提出来的。美国波士顿学院企业公民研究中心认为企业公民包括三个核心原则："危害最小化、利益最大化"；"关心利益相关者"；"对利益相关者负责"原则。他们指出，这个理论蕴含着三个价值命题："理解、整合和强化企业价值观"；"将这些平衡的、整合的价值观融会到企业的核心策略中"；"形成支持体系以强化这些价值观并付诸行动"。在此基础上，他们将企业公民定义为"一个公司将社会基本价值与日常商业实践相整合的行为方式"。企业公民理论认为公司的成功与社会的健康和福利密切相关，因此需要全面考虑公司对所有利益相关人的影响，包括雇员、客户、社区、供应商和自然环境。

在企业公民理论的支配下，社会责任成为公司参与社会交换的一种资源，成为公司与社会之间的一种契约。同时，捐赠行为也被视为公司的一种社会投资，不仅受履行公民义务的价值理性的推动，而且还包含着通过这种行为享受市场扩大、增强盈利能力的利益驱动。捐赠成为公司的一种"长期、理性的自我利益选择行为"。"企业公民"概念蕴含着社会对企业提出的要求，"企业公民"概念的提出是一种思维创新，引起了公司慈善观念的革命。其中最重要的是大量公司基金会的设立，开辟了公司慈善行为的新方式。

战略性慈善行为理论。在驳斥以弗里德曼为代表的将企业慈善行为与企业经济目标相对立的基础上，波特将竞争优势理论运用于企业慈善行为分析，最终形成了独树一帜的战略性慈善行为理论。该理论认为，慈善行为不仅有利于社会，也有利于企业。但是并非任何慈善捐赠行为都会提升企业的竞争力。只有当企业的慈善行为既具有良好的社会效益又具有经济效益时，企业慈善行为才能与经济目标相一致，才可以借此实现可持续发展。

二、公益捐赠的国际发展状况

以美国为首的西方发达国家慈善事业的发展经历了漫长而又曲折的历史，积累了相当丰富的经验，形成了有利于企业慈善文化发展的、相对完善的内外部制度环境。无论国家立法、政府管理、社会监督还是内部运作都相对成熟，慈善组织的公信力较高，捐赠规模大，捐资形式多元化，而且捐赠领域涉及宗教、教育、卫生、文化艺术、社会福利等关系民生的各个方面。

据统计，美国的社会捐赠额近30年来持续上升，且捐赠额占收入的比重也由1995年的1.5%上升至2001年的2.1%，公众的参与率也很高，其中80%的捐赠来源于个人。截至2000年，美国服务于公共利益、资助慈善事业的各类基金会组织就有近万个，拥有资产上亿美元[1]。

郭健（2008）认为美国捐赠事业蓬勃发展的背后，有其历史文化和社会经济等多方面的原因，并将美国社会捐赠事业较为发达的原因归于美国"小政府，大社会"的社会环境，认为美国发达的经济和较高的人均收入是其慈

---

[1]　庄梅兰. 中外企业捐赠模式比较研究［J］. 鞍山科技大学学报，2006（2）.

善事业发展的经济基础,数量众多、组织完善的非政府组织进一步为捐赠事业的发展奠定了良好的社会基础,优惠的税收激励措施和先进的征管手段,则为慈善事业的发展提供了法律支持和技术保障。

此外,美国慈善事业的蓬勃发展还得益于其特有的慈善文化。美国的慈善文化基于基督教所倡导的博爱、利他、救苦救难等精神。在基督教传统中,慈善是一种精神寄托和终极价值的体现,富人只是社会财富的管理者。从法律层面来看,财富是私有的;但从道德和价值层面来看,超过了生活需要的财富就是社会的。19 世纪美国钢铁大王卡耐基有句名言:"在巨富中死去是种耻辱。"这就是当时慈善精神的最好体现。既然超过生活需要的财富属于社会,就应该让这部分财富最大限度地发挥作用,更好地服务于真正需要它们的人。

虽然日本的慈善事业是仿照美国模式发展起来的,但由于受到历史传统、文化和法律等多方面因素的影响,两者在很多方面存在较大差异。例如,在捐赠主体方面,与美国以个人捐赠为主要模式相反,日本的公司捐赠构成了捐赠体系中的主体力量。主要原因是日本政府对非政府组织的成立和管理比较严格,很多民间组织都不能够以非政府组织的身份成立,极大制约了个人的捐赠渠道。

日本企业履行社会责任的动机很保守。其动机主要是履行社会责任、服务社区以及体现企业的管理理念。与日本相比,中国企业捐赠的战略动机更明显。日本企业捐赠实践很丰富,从捐赠参与率来看,95% 的企业有过捐赠记录。日本企业的捐赠管理比较完善,具体表现为在捐赠政策、志愿者支持政策、捐赠预算、专业管理部门设置专职员工的配备都比较科学。企业内部设立 CSR 部门以及捐赠委员会,并且捐赠委员会在预算内的权限很大。此外,员工在捐赠决策中的影响力也较大。从捐赠项目的来源看,日本企业的捐赠很多来自员工推荐。在捐赠环境方面,日本政府制定了 NPO 法,同时,日本企业享有很宽松的捐赠免税制度,企业捐赠不问用途,几乎都可以免税。免税额度的计算以总资产和销售利润加和为基准,即使企业亏损仍能继续捐赠。

从捐赠环境来看，日本企业的股东、员工等内部利益相关者都比较支持企业捐赠。日本公众广泛接受 CSR 概念，对企业捐赠没有大的异议。同时，政府除了建章立制，对企业捐赠的实践几乎没有任何作为。

此外，跨国公司也将成熟的企业社会责任理念、战略性的企业慈善行为以及制度化的捐赠策略迅速植入我国，不仅开阔了我们的视野，也为我们提供了学习的思路。

慈善捐赠在美、日等国家获得了迅速的发展，也为我国发展慈善事业提供了很好的借鉴。那么在转型经济背景下，我国的慈善捐赠事业会呈现什么样的特点？

三、公益捐赠在我国的发展

慈善事业反映了一个国家和民族的文明程度，也考验着人们的价值观和人生态度。曾有学者指出，当前我国很多企业都处在"踩在法律责任的边缘去寻求实现经济责任"的阶段，很少考虑企业的伦理责任和慈善责任。即现阶段我国企业的公益捐赠大多比较被动，往往是在某个特定社会事件的催化下，企业才会考虑进行捐赠，缺乏周密安排的捐赠计划以及捐赠对象。

在捐赠数额方面呈现出波浪式，但是总的趋势在增加。最近几年，随着我国社会经济发展水平的不断提高，在频发的自然灾害事件的催化下（尤其是 2008 年初的雪灾和 5 月的汶川地震），我国民众的慈善意识不断增强，公众与企业的捐赠额也不断刷新。据统计，2007 年我国捐赠总额为 223.16 亿元，约占 2007 年国民收入的 0.09%，人均捐赠 17.16 元。但是，在 2008 年，全国接收各类捐赠款物总额达 1070.49 亿元，占当年国民收入的 0.356%，绝对值几乎是 2007 年的 5 倍。而截至 2009 年 4 月 30 日，汶川地震捐款总数达到 767.12 亿元（其中捐赠资金约 653 亿元，物资折合约 114 亿元），被公认创下"中国捐赠史的新纪录"[1]。

---

① http://www.douban.com/group/topic/9388800/。

尽管如此，与美国这样的发达国家相比，仍存在很大差距。根据《美国慈善（2008）》（Giving USA 2008）的统计，2007 年美国民间慈善捐赠总额为 3064 亿美元，占美国国内生产总值的 2.2%，而同期中国慈善捐赠总额为 223.16 亿元，占 GDP 的 0.09%，美国捐赠总额是中国的 100 倍，即使考虑经济发展水平的差异，美国慈善捐赠额也是中国的 24 倍。从人均水平来看，美国人均捐赠为 1024 美元，而中国仅为 2.35 美元，几乎是中国人均捐赠水平的 436 倍，足见其差距之大。中国的慈善事业发展可谓是任重道远！

在捐赠动机方面，外资企业偏爱"战略性捐赠"，这种慈善行为兼顾了外部利益相关者的期望和企业竞争的需要，实现了双赢。而国内企业则多是"外聚型"捐赠，即企业的慈善行为主要是被外部需求和利益相关者期望所驱动，往往与企业自身的经营没有太大关系。徐雪松也曾指出，中国企业的慈善理念更多地带有民族情感的价值理性成分，虽然它更加注重人类的社会需求和精神层面的平衡，但由于缺少与工具理性的有效结合而显得零散和随意，仅仅是利他型的，未能把慈善捐赠与企业发展战略、市场开发策略相结合，以形成互利型捐赠模式和慈善意识。总之，国内企业还没有形成完善的捐赠理念，对慈善行为的认识不够深刻，缺乏制度化的决策机制，捐赠方式也较单一。

在捐赠领域方面，中国的大型国企多以灾害救济为主，这部分也取决于它们的政府背景。此外，教育、社会公益和健康等领域也是中国的企业家们热衷的捐赠领域。我国 2007 年慈善资源流向是：助学 32%、扶贫济困 14%、救灾 12%，其他的还有公共工程、助医、助残、儿童妇女、环保等①。

在善款的管理和使用方面，目前仍缺乏有效的监督机制和信息查询系统。善款的来源、运用和去向等信息不透明，导致慈善机构和捐助活动的公信力不足，也影响了企业和公民的捐赠热情。例如，《公益时报》公布的 2006 年中国内地慈善家排行榜第一名的余彭年就发现，他当年捐赠的 10 台救护车成了当地官员的座驾。这迫使他开始追踪善款的使用情况，甚至深入采购过程，

---

① 民政部慈善事业协调办公室。

并于 2002 年向深圳市人大打了一个报告，要求立法"保护捐献慈善财产的安全和合理使用"①。

　　此次汶川地震捐款的使用也凸显了这一问题。最近，清华大学公共管理学院的一支团队对地震捐款的使用进行了研究。根据他们为期半年的调研，截至 2008 年 11 月，来自公众个人或企业的钱，资金总额为 652.5 亿元。其中政府直接受捐约 379 亿元，占 58%。这笔钱当然由政府部门来支配使用。另外则是流向各地红十字会、慈善会以及地方公募基金会的捐款，这一部分约 199 亿元，占了约 31%。尽管根据国务院下达的文件，这笔钱原本可以由这些地方性公益组织自行安排使用，但是清华团队在对全国七个省（市）进行的抽样调查中发现，这些捐款中的大多数，后来仍然交给地方政府部门使用了。最后，只剩下约 11% 的救灾捐赠资金，流向了中国红十字总会、中华慈善总会和 16 家全国性公募基金会，供他们自行安排使用。也就是说，地震捐款的 80% 左右最终流入了政府的财政专户，变成了政府的"额外税收"，由政府部门统筹用于灾区。至于这笔钱是怎么被花掉的，由于缺乏透明的信息披露途径，公众也不得而知。而在西方国家，救灾时政府一般不接受民间捐赠，即使接受了，也会将钱交由民间组织去分配。

　　在捐赠免税方面，实践中存在严格的程序限制（如捐赠主体必须提供正规的捐赠发票）和主体限制（只有少数的 NGO 才能开具捐赠发票）使其实际效果大打折扣。中国的公众和媒体对企业捐赠的态度和立场比较复杂，既希望企业捐赠，履行社会责任；同时又关注捐赠的合法性，甚至质疑民营企业捐赠财产的来源。同时，我国的民间 NPO 力量还较弱小，而且又存在过于强大的政府主导下的社会团体，对企业捐赠行为的影响较大。

　　可见，目前我国企业的慈善捐赠还存在不少问题，与西方发达国家的企业相比，仍存在一定的差距，这种差异性主要源于我国转型经济的特殊制度背景。一方面，经济发展程度决定了企业慈善捐赠的能力；另一方面，转型期慈善制度的不完善限制了善款的使用效果；同时，成熟慈善文化的缺失约

---

　　①　中国网. 中国企业慈善捐赠［EB/OL］. http：//www. china. com. cn, 2009 - 12 -27.

束了企业的慈善理念，导致我国企业的捐赠行为表现出独特的政治动因。

第三节　社会责任行为动因的实证检验

一、研究假设

发达的金融体系、良好的产权保护、清廉的政府、高效的法律和司法体系等制度环境是一国经济增长的必要条件。我国作为转型经济国家，原有的依靠国家行政权力分配资源的方式在相当程度上存在失灵，而市场关系又没有完整地建立起来。Hongbin Li（2008）曾总结转型经济国家施加给私营经济的制度困境①，指出政府的过度干预管制和健全法律体系的缺失普遍存在。Yi Lu（2008）的研究也指出，"直到最近，中国几乎没有正式的产权保护，而中国的法律体系也远非独立"。在这种背景下，我国私营经济的发展状况如何？

改革开放以来，我国的私营经济经历了 1978～1992 年的大力发展和1992～2003 年的蓬勃发展阶段。但是由于意识形态的差别和其他障碍，其发展的过程并非一帆风顺。直到 20 世纪 90 年代初，私营企业仍未被认为是最优的产权形式。虽然中共十一届三中全会确立了其合法地位，私营企业经营面临的政治环境仍然是对抗性的（Young，1989）。1992 年中共十四届三中全会以后，逐步摒弃了对所有权的歧视，承认私营经济在中国社会经济生活中发挥的重要作用。

但在实际的经济和社会生活中，私营企业仍然面临着政府在资金、经营

---

① 首先是市场失效，尤其在转型的早期；其次是过度的管制与干预在转型经济中大量存在；再次是正式的、非正式的税收负担是转型经济的另一重要特征；最后是转型经济国家缺乏健全的法律体系。

场所、行业等方面对有形、无形资源的管控。正如李宝梁所言，"私营企业的经济行为本身并不完全由市场这只看不见的手所操纵，它们的存在和发展更多受到来自政治体制和政府管理机构记忆资源分配使用等方面的制约，这使得它们表现出更强的依附性和不确定性"。储小平曾一针见血地指出，"在现实生活中，拥有资源分配权和经营许可权的官员总是根据与请求者的关系亲疏程度和私下利益多少做相机分配"。商法和产权法要么不存在，要么执行不力，私营企业仍遭受政府官员武断的干涉等。

与此相反，国有企业在我国转型经济背景下的发展则是左右逢源，处处受到政府有形的、无形的照顾。由于历史原因，在我国资本市场发展的早期，帮助国企脱困改制和执行国家产业政策是其主要任务，同时资本市场也为国企提供了重组发展的融资平台。据统计，从 20 世纪 90 年代初成立至今，我国证券市场得到了极大的发展。截至 2008 年 12 月 31 日，我国沪深两市上市公司数量超过 1600 家，其中国有企业参股上市公司达到 1100 多家[①]。可见资本市场与国有股权的渊源之深。

陈晓和李静（2001）最先提供了政府通过财政补贴帮助国有企业的证据。林毅夫等（2004）指出国有企业存在"预算软约束"现象，即国有企业一旦发生亏损，政府就会追加投资、减税，并提供其他补贴等措施予以救济。李增泉等（2005）认为在我国资本市场发展过程中，国家控股的所有权模式、剥离非核心资产的改制方式以及"审批制"和"额度制"相结合的股票发行制度造就了国有上市公司和地方政府之间的天然联系。针对私营企业融资难问题，孙铮等（2006）则证明了所有权性质影响会计信息的债务契约有用性，指出在国有企业仍然可以通过各种方式获得政府补贴的情况下，即使银行行为完全市场化，私营企业依旧会受到银行"歧视"。

面临制度约束，民营企业会努力寻找替代性的非正规机制来克服落后的制度对企业发展的阻碍（McMillan 和 Woodruff，1999a；Allen 等，2005），其

---

① 国企参股七成 A 股上市公司　掌握八大行业经济命脉［N］．北京青年报，2008 - 08 - 27.

中建立政企关系就是一种非常重要的替代性机制①。罗党论等（2009）研究发现，与国有企业相比，民企更看重和政府的关系，同时也愿意在建立人际关系上投入更多的资源，以期得到从法律和正式制度中得不到的保护。

1999 年全国人民代表大会决议通过了"非国有经济是社会主义经济的重要组成部分"，并开始鼓励国内的私营企业家入党，于是许多私营企业家开始寻求新的、更有力的"红帽"，通过积极地参与政治活动，成为中国最重要的两大政体（政治协商会议 CPPCC 和人民代表大会 PC）的成员。此外，张建君等（2005）的系列研究还表明慈善捐赠、参与公益事业也是私营企业获取政企关系的途径之一②。

钟宏武（2007）指出慈善捐赠可以产生积极的道德资本，而积极的道德资本在企业伤害利益相关者时能够发挥伤害保险作用。并认为与国外相比，中国企业运用慈善捐赠向政府"寻租"更为普遍。马大利等通过对中国民营企业家的调查发现，民营企业家在 20 世纪 90 年代热衷于向政府的福利事业捐赠，以此来获得他们的政治地位并树立社会形象。山立威等（2008）验证了汶川大地震后我国上市公司捐赠行为存在提高声誉以获取广告效用的经济动机。因此，我们认为与国有企业相比，私营企业捐款不仅具有经济动机，更具有政治动机。而突发的地震灾害，则为那些想和政府处好关系的私营企业家提供了现实机会。

综上所述，本书提出以下研究假设：

在其他条件等同的情况下，上市公司的产权性质影响其公益捐赠行为，具体来讲就是在汶川地震期间，私营企业的捐款意愿高于国有企业。

---

① 已有研究发现，在转型经济国家，民营企业依赖的替代性的非正规机制还有很多。例如，在越南，当缺乏法律和司法来保证合同的实施时，企业严重依赖于企业之间的关系来维持交易（McMillan 和 Woodruff，1999a，1999b）。

② 一般来说，中国的民营公司目前大致有以下渠道正式参与政治：进入人大、政协，这是最直接的方式；在工商联、青联、妇联等社团组织担任一定职务，从而与政府部门有接触；加入中国共产党，十六大修改的党章允许民营企业家阶层的优秀人士入党；与政府领导人保持经常的联系；通过捐赠、参与公益事业等。

二、研究设计

1. 样本选取

以证监会指定的信息披露网站巨潮资讯网（http：//www. cninfo. com. cn）为主，结合新闻媒体、《中国证券报》、《证券时报》的相关信息，使用 Google、百度网站的搜索功能，查询 2008 年度所有上市公司的地震捐赠情况。

捐款数据的获取方式：首先，如果公司发布捐款公告，则以公告数额为准；其次，若企业公告了 2008 年度社会责任报告，则以社会责任报告信息为准；再次，若前两种途径均查不到，则查看企业 2008 年度年报，从年报的社会责任信息部分和财务报表附注的营业外支出部分获取捐款信息；最后，如果还是得不到有关捐款信息，则认定企业未进行地震捐款。2008 年我国上市公司有 1602 家，其中由于数据的可得性，实际得到 1579 个样本。

2. 变量定义

因变量

企业捐款意愿的衡量：

（1）捐款性质，即反映企业是否愿意捐款，是衡量企业社会责任意识的定性指标。

（2）捐款数额，衡量企业社会责任意识的定量指标。在突发的灾难面前，企业的捐款数量可以作为企业履行社会责任质量的客观衡量。国家遭遇灾难，捐赠就不仅仅是一份爱心，更是一份社会责任。落实到企业具体行动中，捐赠数额至少在一定程度上体现着其对社会责任的担当。为了统一量纲，我们对捐款数额取自然对数。

解释变量

（1）产权性质：本书按照控股股东的性质将上市公司分为国有企业和私有企业两种。其中，国有企业指被政府部门和国有企业（含国有独资和国有控股）控股的上市公司；私有企业指私营控股、外资和集体、社团控股的上市公司。研究样本中，各类企业的分布如表4—1所示。

表4—1　样本公司产权分布

产权性质	频次	占比
国有控股	962	0.62
私营控股	583	36.39
外资控股	34	2.12
集体控股	4	0.25
社团控股	2	0.12
职工持股会控股	4	0.25
不能识别	3	0.19
合计	1592	1

平均来看，研究样本中国有企业和私有企业分别占62%和37.8%。其中，国有控股企业主要是被国务院国有资产监督管理委员会或地方国有资产监督管理委员会控制的企业，在私有企业中，主要是私营控股企业，外资和集体企业相对较少。作为简化处理，我们设置哑变量 Pri 来反映产权性质，私有企业则 Pri 赋值为1，否则设为零。

（2）上市年限：如前文分析，企业越早获取上市资格，不仅表明企业具备经济实力，更是具有深厚政企关系的体现。为此，本书将上市年限作为政企关系的代理变量，考察政企关系对企业公益捐赠行为的影响。

控制变量

山立威（2008）的论文从经济动机来解释地震捐款，所采用的变量是公司产品是否与消费者直接接触的哑变量。故本书在研究设计方面也引入了 Direct 变量以控制经济动因的影响。Direct 变量的取值标准：如果公司产品直接与消费者接触则为1，否则为0。以证券监督管理委员会公布的行业代码为准，样本分布见表4—2。

表 4-2 经济动因样本分布

所属行业	样本数量	所属行业	样本数量
C0 食品、饮料	10	C03 乳品制造	11
C05 饮料制造业	14	C7505 汽车制造业	6
C8 医药、生物制品	6	C13 服装制造业	22
C4370 日用化学品	1	C55 日用电器制造业	16
C81 医药制造业	73	C78 文化办公用品制造业	13
F09 航空运输业	7	H11 零售业	54
K 社会服务业	49	G85 通信服务业	9
L 传播与文化产业	12	I 金融、保险业	27
J 房地产业	70	合计	409

徐雪松（2007）曾指出西方的很多学者通过实证研究发现影响企业慈善行为的因素很多，包括企业规模、行业、企业高管的价值观、权限、股权数、民族、公司董事会结构、公司财务状况、税收以及共同体同态现象等。

郭健以山东省 256 家企业为样本设计调查问卷，探讨影响社会捐赠的内外部因素，调查结果：就企业捐赠规模整体来讲，以小额捐赠为主，企业捐赠规模还较小，主要受企业的税前利润、企业规模、行业属性以及所有制类型等因素的影响。此外，政府政策也是企业捐赠重要的外部影响因素之一。

鉴于此，我们选取公司规模、公司所处行业、上市地点、财务业绩、股权集中度等变量作为本书的控制变量。具体变量的解释见表 4-3。

表 4-3 变量设计

序号	变量名称	描述	定义
被解释变量	Yinv	捐款性质	捐款为1，未捐款为0
	Ltdonate Ldonate	捐款数额1 捐款数额2	总捐款额（含公司捐款与员工捐款）的自然对数 公司捐款的自然对数
解释变量	Private	产权性质	实际控制人是国有企业为0，否则为1
	Lage	上市时间	截至2008年上市时间的自然对数

序号	变量名称	描述	定义
控制变量	Direct	产品是否直接与消费者接触	产品直接与消费者接触的行业取值为1，否则为0
	Roa	总资产收益率	净利润/平均总资产
	Size	公司规模	总资产的自然对数
	Level	债务水平	负债/总资产
	Herf_5	股权集中度	前5位股东持股比例平方和
	Ind	所在行业	按标准分为5类

在变量的描述性统计中（见表4-4），N表示可获得数据的样本个数。其中，表示捐款性质的变量Yinv的可获得数据大于表示捐款数量的变量Ltdonate，主要原因是一些上市公司在年报的董事会报告或者在社会责任报告中虽然提到了公司在汶川地震期间的捐赠情况，但是给出的是非财务信息，难以准确量化①。对这部分样本，我们可以在性质上将其认定为捐赠，但是具体捐赠数额没法得到。

表4-4　主要变量的描述性统计

变量	N	Mean	Std. Dev.	Median	Min	Max
Yinv	1579	0.611	0.488	1	0	1
Ltdonate	1525	8.469	6.957	12.728	0	17.034
Pri	1579	0.388	0.487	0	0	1
Lage	1579	2.082	0.712	2.302	0	2.944
Roa	1579	0.023	0.038	0.017	-0.099	0.179
Size	1579	21.525	1.364	21.369	18.368	26.619
Roe	1509	0.055	0.085	0.042	-0.218	0.381
Level	1579	0.552	0.343	0.521	0.076	2.924
Herf_5	1579	0.172	0.121	0.143	0.012	0.574

---

① 中信海直（000099）2008年度报告中提到："从5月15日到7月8日的53天中，公司派飞机共飞行329架次，371小时54分，运送伤员和救灾人员1162人次，运送救灾物资90114公斤。"

此外，文章对变量进行了 Pearson 、Spearman 相关性分析，结果表明解释变量、控制变量和被解释变量的关系与预期一致，且各因变量之间不存在严重的多重共线性问题。本书还对所有连续变量进行了 Winsor 处理，以消除异常值的影响。

3. 模型设计

以下模型用来检验本书的研究假设：

$$Yinv = \beta_0 + \beta_1 \times Pri + \beta_2 \times Lage + \beta_3 \times Direct + \sum_{j=1}^{4} \beta_j \times Control + \sum_{i=1}^{5} \beta_i \times Ind \quad (1)$$

$$Ltdonate = \beta_0 + \beta_1 \times Pri + \beta_2 \times Lage + \beta_3 \times Direct + \sum_{j=1}^{4} \beta_j \times Control + \sum_{i=1}^{5} \beta_i \times Ind \quad (2)$$

其中，模型（1）是用来定性检验上市公司捐赠意愿的 Logit 模型；模型（2）是定量检验上市公司捐赠意愿的 Ols 模型。变量 Control 是表示公司特征的控制变量的简称，具体包括 Roa、Size、Level、Herf 四个变量。

4. 数据来源

所需财务数据主要来自 CSMAR 和 CCER 数据库，对于部分缺失数据，手工从巨潮资讯网上搜集整理。本书的数据处理主要基于 Microsoft Excel 2007、STATA 10.0，其中描述性统计和回归分析主要基于 STATA 10.0 和 EViews。

三、实证结果及分析

1. 基本回归及分析

表4-5和表4-6是运用上述模型进行回归的结果。从表4-5的 Logit 模型（1）可以看出文章的解释变量 Pri、Lage 以及部分控制变量在1%或以上水平显著。其中，Pri 的系数显著为正（系数为0.389，Z 值为2.94，在1%水平显著），说明从定性角度来讲，私营上市公司比国有企业捐款的概率

更高，更愿意捐款。模型整体拟合情况也不错（Wald chi2 值为 191.82，在 1% 水平显著，异方差调整后的 R – squared 为 14.36%）。

表 4 – 6 的 Ols 模型（1）是对捐款情况的定量分析。与 Logit 模型回归结果相似，Pri 的回归系数显著为正（系数为 1.1957）。模型拟合度有所提高（F 值在 1% 水平显著，异方差调整后的 R – squared 约为 22%）。从统计意义上可以理解为：私营企业平均比国有企业多捐款 1.1957 元，即私营企业不仅愿意捐款，还愿意多捐款。从而验证了本书的假设：在汶川地震期间，私营企业的捐款意愿高于国有企业。

Logit 模型（2）比模型（1）少了经济动因控制变量 Direct，当然，控制了经济动因的模型拟合度有所提高，且表示政治动因的变量 Pri、Lage 依旧显著，说明在汶川地震捐赠中，上市公司捐赠不仅具有政治动因，也具有经济动因。

Logit 模型（3）与模型（1）的区别在于将表示公司财务状况的变量由总资产收益率 Roa 换为净资产收益率 Roe，回归结果与模型（1）没有太大差异，也表明了检验结论的稳健性。Ols 模型（2）的变量与 Logit 模型（2）类似，结论也与 Logit 模型类似，用以检验结论是否稳健。Ols 模型（3）的变动则是将因变量换为捐款数额 2 Ldonate，以检验结论是否稳健。

从所有 6 个模型来看，上市年限 Lage 变量对捐款性质和捐款数额的影响都显著为负，说明上市越晚的公司，捐赠意愿越高，捐赠数额也越高。

总之，基本回归表明产权性质的不同显著影响企业的捐赠行为。但是产权性质为什么会影响企业的捐赠行为，国有控股上市公司和私营控股公司的捐赠意愿为什么会有明显区别，产权背后蕴含什么样的故事？下文拟对此展开深入探讨。

表4-5 主要模型全样本回归结果

	Logit 模型（1）（N=1573①） 因变量：Yinv	Logit 模型（2）（N=1509） 因变量：Yinv	Logit 模型（3）（N=1509） 因变量：Yinv
	Coefficient （Z值）	Coefficient （Z值）	Coefficient （Z值）
Constant	-12.5049 （-9.61）	-11.2222 （-8.23）	-11.8029 （-8.50）
Pri	0.3893 （2.94***）	0.3727 （2.77***）	0.3469 （2.55***）
Lage	-0.5108 （-5.22***）	-0.4753 （-4.92***）	-0.5312 （-5.33***）
Direct	0.5626 （3.90***）		0.5598 （3.74***）
Roa	12.6683 （6.48***）		
Roe		5.2541 （5.86***）	5.2803 （5.92***）
Level	-0.0528 （-0.23）	-0.6452 （-1.88*）	-0.5685 （-1.63*）
Size	0.6323 （10.34***）	0.5994 （8.97***）	0.6151 （9.09***）
Herf_5	-0.7596 （-1.38）	-0.6558 （-1.17）	-0.7419 （-1.31）
Ind1	1.2139 （1.19）	1.3468 （1.33）	1.1969 （1.17）
Ind2	-0.0105 （-0.04）	-0.0658 （-0.22）	0.0661 （0.22）
Ind3	0.2616 （0.74）	0.2397 （0.66）	0.2641 （0.72）

① Logit 模型（1）中，N=1573，表示参加回归的实际样本个数，部分变量由于数据不可得使得样本数由1579进一步缩小，使得6个模型参加回归的样本数也略有不同。

续表

	Logit 模型 1 (N=1573) 因变量：Yinv	Logit 模型 2 (N=1509) 因变量：Yinv	Logit 模型 3 (N=1509) 因变量：Yinv
	Coefficient (Z 值)	Coefficient (Z 值)	Coefficient (Z 值)
Ind4	0.3374 (1.06)	-0.0121 (-0.04)	0.3379 (1.03)
Ind5	0.0729 (0.30)	-0.1699 (-0.71)	0.0751 (0.3)
Pseudo R²	0.1436 (0.0000 ***)	0.1222 (0.0000 ***)	0.1294 (0.0000 ***)

注：为了减少异常值的影响，对所有连续变量值在 1% 和 99% 处采取缩尾（Winsorization）处理。***、*分别表示在 1%、10% 水平显著。

表 4-6 主要模型全样本回归结果

	Ols 模型 (1) (N=1525) 因变量：Ltdonate	Ols 模型 (2) (N=1525) 因变量：Ltdonate	Ols 模型 (3) (N=1545) 因变量：Ldonate
	Coefficient (t 值)	Coefficient (t 值)	Coefficient (t 值)
Constant	-31.8034 (-11.02)	-30.7106 (-10.64)	-31.9799 (-10.99)
Pri	1.1957 (3.26 ***)	1.2797 (3.48 ***)	1.4723 (4.02 ***)
Lage	-1.3113 (-5.42 ***)	-1.1966 (-4.97 ***)	-1.2102 (-5.03 ***)
Direct	1.3987 (3.52 ***)		1.5316 (3.83 ***)
Roa	37.2262 (8.28 ***)	37.1939 (8.18)	37.2927 (8.40 ***)
Level	0.0498 (0.10)	-0.0491 (-0.10)	0.1317 (0.26)

	Ols 模型（1）（N＝1525）因变量：Ltdonate	Ols 模型（2）（N＝1525）因变量：Ltdonate	Ols 模型（3）（N＝1545）因变量：Ldonate
	Coefficient（t 值）	Coefficient（t 值）	Coefficient（t 值）
Size	1.9338（15.04 ***）	1.9105（14.82 ***）	1.9012（14.60 **）
Herf_ 5	－1.9502（－1.35）	－1.8105（－1.26）	－1.7251（－1.20）
Ind1	－1.7057（－1.41）	－0.9906（－0.84）	－1.2479（－1.03）
Ind2	－0.4342（－0.53）	－0.7158（－0.87）	－0.1705（－0.21）
Ind3	0.4718（0.51）	0.5231（0.56）	0.4157（0.44）
Ind4	0.6028（0.65）	－0.2145（－0.24）	0.8724（0.94）
Ind5	0.03572（0.05）	－0.5406（－0.77）	0.1978（0.28）
Adj－R^2 F－Value	0.2202（56.19 ***）	0.2139（59.17 ***）	0.2154（56.22 ***）

注：为了减少异常值的影响，对所有连续变量值在1%和99%处采取缩尾（Winsorization）处理。***、**分别表示在1%、5%水平显著。

2. 进一步的分析

（1）契约实施力度的影响。按照新制度经济学的观点，制度是约束人们行为及其相互关系的规则，包括正式制度与非正式制度两部分。由于正式制度存在自身无法避免的局限性，当正式制度出现疏漏与误导时，就需要非正式制度的补充与替代。

虽然非正式制度没有强制性，但由于社会系统纷繁复杂，人们不可能对经济行为的所有方面都做到深思熟虑，而往往是按照某种习惯不假思索地作出反应。这种"习惯"正如诺斯所言，是这个社会文化历史长河在现阶段的积淀和渗透。人们正是在注满传统与文化的时间长河里不断学习，获取关于选择的知识，并形成新的知识充实到时间长河中去，最终成为下一次乃至下一代人面对的传统文化和制度背景。因此，在人类的发展史中，正式制度可能会随政权更替而改变，但是基础的文化、信仰、意识等非正式制度的影响则会世代延续下去，并潜移默化地影响人们的思维方式和行为习惯。

La Porta（1998）指出，在国家层面，法律体系的起源会影响该国家契约执行力度和金融市场发展。国内外许多研究表明普通法系更利于一国经济的发展与增长。虽然现阶段我国各地区适用统一的法律制度，但是非正式制度的潜移默化作用，依旧会影响该地区人们的行为方式。借鉴 Yi Lu（2008）的研究思想，本书以我国某城市在清朝末期（1840～1911 年），是否被英国人管理作为该地区契约实施力度的代理变量。在制度落后的国家或地区，民营企业的产权难以得到有效保护、难以获得企业发展所需的资金和其他稀缺的生产要素，企业就更有动机通过建立政企关系来克服制度对企业发展的阻碍。所以，建立政企关系是民营企业对市场、政府和法律失效的一种积极反应（Faccio，2006；余明桂和潘红波，2008；罗党论和唐清泉，2009）。我们认为在清朝末期被英国人管理的城市，受英国普通法系的影响，政府干预经济程度较低，契约执行意识较强，并且这种契约执行意识被作为非正式制度的一部分渗透到人们的意识和行为习惯而被世代延续下来。

根据相关资料，清末被英国人管理的城市有扬子江沿岸地区如贵州、四川、湖北、湖南、江西、安徽、河南、江苏和浙江，本书将上海也包括在内①。这样，根据样本公司注册地不同，将样本分为两组，进行分样本检验。具体结果见表4-7。在 Logit 模型中，契约实施力度强、政府干预弱的地区，即 British＝1 样本组，产权性质的影响虽然为正，不再显著（Z 值为 0.50，统计上不显著）；与此相反，在契约实施力度弱、政府干预强的地区，产权

---

① 根据相关资料，1919～1920 年被英国人管辖的城市：扬子江（今长江）沿岸如贵州、四川、湖北、湖南、江西、安徽、河南、江苏和浙江；被法国管辖的城市：云南、海南、广西、广东大部分；被俄罗斯管辖的城市：新疆、内蒙古、东北三省，上海和天津则被分拆。

性质对企业捐款行为的影响显著为正（Pri 的系数为 0.6232，Z 值为 3.33，在 1% 水平显著）。表明在政府干预程度高的地区，私营企业更愿意捐款。因为在那些未受英国普通法系影响的地区，契约实施力度、产权保护意识较弱，不利于私营企业的生产经营。出于对不利环境的应对措施，私营企业主可能会通过公益捐赠以寻求政治上的保护。无疑这种捐赠行为背后隐含着寻求政治保护的动机。在 Ols 模型中，契约执行意识对产权性质的影响与 Logit 模型类似，该结论较为稳健。

表 4 - 7　契约执行力度的分样本检验

	Logit 模型		Ols 模型（因变量为 Ltdonate）	
	British = 1 （N = 711）	British = 0 （N = 855）	British = 1 （N = 696）	British = 0 （N = 829）
	Coefficient （Z 值）	Coefficient （Z 值）	Coefficient （Z 值）	Coefficient （Z 值）
Constant	- 13. 8301 （ - 6. 83）	- 11. 9474 （ - 6. 91）	- 34. 7863 （ - 7. 62）	- 30. 1942 （ - 8. 10）
Pri	0. 0962 （0. 50）	0. 6232 （3. 33 ***）	0. 5054 （0. 93）	1. 7491 （3. 50 ***）
Direct	0. 6691 （3. 18 ***）	0. 4757 （2. 37 **）	1. 7073 （2. 98 ***）	1. 1201 （2. 02 ***）
Roa	12. 8412 （4. 68 ***）	13. 1872 （4. 43 ***）	37. 6351 （5. 99 ***）	36. 8746 （5. 91 ***）
Level	- 0. 4091 （ - 0. 99）	0. 1394 （0. 54）	- 0. 2497 （ - 0. 27）	0. 2101 （0. 34）
Size	0. 7121 （7. 40 ***）	0. 5991 （7. 36 ***）	2. 1001 （10. 08 ***）	1. 8617 （11. 32 ***）
Lage	- 0. 6932 （ - 4. 81 ***）	- 0. 3901 （ - 2. 91 ***）	- 1. 8701 （ - 5. 12 ***）	- 0. 9412 （ - 2. 91 ***）
Herf_ 5	- 1. 301 （ - 1. 61 *）	- 0. 167 （ - 0. 22）	- 3. 57 （ - 1. 56）	- 0. 28 （ - 0. 15）

	Logit 模型		Ols 模型（因变量为 Ltdonate）	
	British = 1 （N =711）	British = 0 （N =855）	British = 1 （N =696）	British = 0 （N =829）
	Coefficient （Z 值）	Coefficient （Z 值）	Coefficient （Z 值）	Coefficient （Z 值）
行业	控制	控制	控制	控制
A – R²			0.218 （21.99 ***）	0.2312 （35.50 ***）
Pseudo R²	0.1454 （86.83 ***）	0.1469 （109.8 ***）		

注：为了减少异常值的影响，对所有连续变量值在 1% 和 99% 处采取缩尾（Winsorization）处理。***、**、* 分别表示在 1%、5%、10% 水平显著。

（2）上市时间背后蕴含的政企关系。与国外成熟资本市场相比，我国 A 股市场 IPO 制度带有浓厚的行政色彩。行政色彩意味着在企业上市审批环节，由政府主导上市"壳资源"的配置。例如我国 A 股市场成立之初就定位于"为国企改革和解困服务"。在政府对股票发行的"审批制"阶段，股票发行实行计划指标管理，企业欲上市发行新股，必须取得所属地方政府或部委的上市额度，再经过一系列不透明的审批，最终企业能否申请成功，政府的影响至关重要。到了"核准制"阶段，虽然核准制要求股票发行申请者必须符合有关法律和证券监管机构规定的实质条件，但是证券监督管理委员会等政府机构对企业能否发行股票仍旧有重要影响（胡旭阳，2006）。这种特殊的制度安排使得企业为争夺上市资源，不惜花重金疏导各层关系。而政府机构作为特殊利益主体的逐利行为也为企业"寻租"提供了机会。对于地方政府来讲，本地区经济发展程度为各级政府高度关注，在由中央政府统一确定上市额度的前提下，努力争取让本地或本部门更多的公司上市，是当地政府职责所在（刘峰，2001）。上市公司数量曾一度成为各地方政府经济发展程度的特征值之一。此外，不少研究表明，地方政府甚至和企业合谋，通过盈余管理手段粉饰财务报表，以获取上市资格。其结果自然是善于处理政企关系的企业率先上市，成为资本市场的幸运儿。因此，越早获取上市资格，不仅表明该企业具备经济实力，更是政企关系深厚的体现。

为此，我们将上市时间作为企业政企关系的代理变量，检验政企关系对产权性质不同的企业公益捐赠行为的影响。按照上市公司实际控制人是否国有将研究样本分为两组分别进行检验。其中，第一组公司是私营企业，研究结果见表4-8。其中 Logit 模型是对公司是否愿意捐款的定性检验。变量 Lage 对私营企业的影响为负（系数为-0.6521），且在1%水平显著（Z 值为-4.76）。表明私营企业上市越晚，捐赠概率越大。该模型拟合优度为14.54%，在1%水平显著。第二组是实际控制人为国有的上市公司，变量 Lage 虽然为负值（系数为-0.3053），数值低于该变量对私营企业的影响，且统计显著性也有所降低（5%水平）。Ols 模型是对公司捐款意愿的定量检验，结论与 Logit 模型类似。变量 Lage 对私营上市公司影响显著（影响系数为-1.7894，T 值为-5.30，在1%水平显著），而对国有上市公司的影响相对较弱（影响系数为-0.6157，T 值为-1.70，在10%水平显著）。因为就产权性质而言，国有控股上市公司先天具备深厚的政企关系，上市时间的早晚对国企影响不大。但对于政企关系先天不足的私营企业来讲，上市越晚就意味着自身政企关系的不足，而汶川地震恰好为企业提供了现实机会，于是上市时间的早晚对捐赠行为的影响非常显著。说明上市年限对公司捐赠行为的影响受到产权性质的制约，私营企业由于先天不足，更希望通过公益捐赠方式进行后天弥补，其公益捐赠行为的背后蕴含着一定的政治动机。同时，变量 Direct 的影响均比较显著，表明企业捐赠行为背后不仅存在政治动因，还存在经济动因。

表4-8 对上市年限的分样本检验

	Logit 模型		Ols 模型（Ltdonate）	
	Pri = 1 （N = 608）	Pri = 0 （N = 946）	Pri = 1 （N = 596）	Pri = 0 （N = 929）
	Coefficient （Z 值）	Coefficient （Z 值）	Coefficient （T 值）	Coefficient （T 值）
Constant	-8.7735 （-4.30）	-14.8684 （-9.04）	-24.6601 （-4.88）	-36.6554 （-10.54）
Direct	0.4864 （2.09 **）	0.6016 （3.26 ***）	1.3047 （2.09 **）	1.4171 （2.73 ***）
Roa	11.2881 （4.08 ***）	13.1546 （4.66 ***）	33.5741 （5.12 *）	39.2101 （6.49 ***）
Level	0.1962 （0.74）	-0.5743 （-1.8 *）	0.0653 （3.45 ***）	-0.7571 （-1.16）
Size	0.4812 （4.91 ***）	0.7331 （9.41 ***）	1.6802 （7.11 ***）	2.1151 （13.96 ***）
Lage	-0.6521 （-4.76 ***）	-0.3053 （-2.01 **）	-1.7894 （-5.30 ***）	-0.6157 （-1.70 *）
Herf_5	-0.7432 （-0.81）	-0.9825 （-1.45）	-1.4991 （-0.59）	-2.5621 （-1.47）
行业	控制	控制	控制	控制
A - R²			0.182 （16.21 ***）	0.2534 （53.26 ***）
Pseudo R²	0.1163 （70.45 ***）	0.1587 （133.3 ***）		

注：为了减少异常值的影响，对所有连续变量值在1%和99%处采取缩尾（Wwinsorization）处理。***、**、* 分别表示在1%、5%、10%水平显著。

四、稳健性检验

为了验证实证结论的稳健性，我们还进行了稳健性测试。表4-9是在前述回归基础上，将反映公司捐款意愿的变量改为捐款的相对数额：捐款总额与本年度净利润之比 donate/b001（在前面使用了企业捐赠的绝对数额，即捐款总额的自然对数）作为被解释变量；从与表4-6的Ols模型（1）的回归结果比较来看，解释变量依旧显著，模型拟合情况也未发生显著改变。在全样本回归中，产权性质 Pri 仍然对捐款数额有显著的正向影响，与前文结论一致，模型拟合状况也较好（拟合优度达到15%，且在1%水平显著）；在分样本回归中，变量 Pri 仅对契约执行力度弱的地区影响显著，说明在该地区，私营企业因为契约得不到合法执行，产权得不到完善保护，更愿意通过公益捐赠的途径寻求替代。总之，比较稳健地支持了本书提出的研究假设。

表4-9 稳健性检验

	Ols 模型 donate/b001	Ols 模型 因变量：donate/b001	
	全样本 (N=1545)	British=1 (N=708)	British=0 (N=837)
	Coefficient (T值)	Coefficient (T值)	Coefficient (T值)
Constant	0.2614 (1.88)	0.1642 (1.58)	0.2947 (1.46)
Pri	0.0183 (2.03 **)	0.0062 (0.59)	0.0277 (2.13 **)
Lage	0.0103 (1.51)	0.0089 (1.11)	0.0074 (0.89)
Roa	-0.0419 (-0.89)	-0.0424 (-0.58)	0.0051 (0.05)

	Ols 模型 donate/b001	Ols 模型 因变量：donate/b001	
	全样本 （N = 1545）	British = 1 （N = 708）	British = 0 （N = 837）
	Coefficient （T 值）	Coefficient （T 值）	Coefficient （T 值）
Level	− 0.0043 （− 30.13）	− 0.0042 （− 15.24 ***）	0.0015 （0.34）
Size	− 0.0113 （− 1.60）	− 0.0068 （− 1.25）	− 0.0124 （− 1.22）
Herf_ 5	− 0.0073 （− 0.38）	− 0.0274 （− 0.95）	− 0.0003 （− 0.01）
行业	控制	控制	控制
Adj − R^2	0.1542 （0.0000 ***）	0.3236 （0.0000 ***）	0.1197 （0.091 *）

另外，对于契约实施力度（British 变量）的稳健性测试方面，笔者还根据国民经济研究所发布的中国市场化进程研究报告——《中国市场化指数》，按照上市公司注册地的市场排名将研究样本分组。其中，第一组公司处于市场化程度较高、产权保护完善的地区①。同时，本书将中西部地区归为第二组，主要是考虑到中部地区虽然具有优于西部地区的地理位置和资源优势，但远不如西部地区享有的政策优惠力度大②。回归结果与前述结论一致，回归内容省略。

---

① 主要是排名前 9 位的东部地区，因为排名第 10 位、第 11 位的四川和重庆公司受地震影响较大。

② 国务院最近提出的开发中部六省、"中部崛起"的论述也证明了该观点。

五、结论

本书以 2008 年上市公司公布的地震捐赠数额为契机，研究在我国现有制度环境下，上市公司的公益捐赠行为现状以及这种现状背后的原因。研究表明：①所有权性质（国有控股还是私营控股）显著影响企业的公益捐赠行为。具体来讲，在汶川地震中，私营企业捐款的积极性更高。②进一步分析发现，产权性质的这种影响来源于产权保护和契约执行力度的地区差异。在政府干预程度较高的地区，契约执行力度弱，私营企业的产权得不到应有的保护，作为替代机制，私营企业主更愿意通过公益捐赠方式谋求和政府的关系，以寻求政府的保护。另外，我们以企业上市的时间作为企业政企关系的替代变量进行分样本检验，研究发现上市时间对私营企业捐赠行为的影响显著，而对国有企业的影响不明显。进一步表明私营企业捐赠背后隐含着政治动机，而这种动机源于我国转型经济背景下产权保护的不力。

鉴于"政企关系"对企业经营的重大影响，本书的政策意义在于，在我国转型经济背景下，政府首先应致力于提供有利于企业公平竞争的制度平台，健全有关产权保护的法律法规，放弃对企业的行政干预，给民营经济以公平、公正的制度环境，扩大民营经济的准入领域，鼓励民企之间以及民企与国企间的竞争。其次各级政府部门应严格执法，不使这些法律成为一纸空文，不让民企遭到非法的侵犯。最后为支持民营企业，政府还应设立有关监督、协调机构，专门负责有关事项，为民营经济提供一个比较宽松的发展环境。例如，设立专门为民营企业服务的政府机构，高效率地协调处理民营企业与政府部门以及其他经济主体的关系，取消阻碍民营经济发展的因素，为民企的发展提供强大的组织支持。

第四节　本章小结

本章着重探讨了我国企业慈善捐赠行为中的政治动因。首先介绍了公益捐赠的理论基础：企业社会责任理论（CSR）以及由此拓展的利益相关者理论（Stakeholder Theory）。本书认为利益相关者理论的日益深入人心为企业积极履行社会责任奠定了理论基础，而慈善捐赠作为企业履行社会责任的最高形式构成了我国企业地震时期的良好表现。接着回顾了公益捐赠在全球国家的发展情况，通过分析以美国为首的西方发达国家慈善事业的发展经历，认识到美国"小政府，大社会"的社会环境、良好的经济基础和非政府公益组织完善的社会基础是该国慈善事业发展必不可少的。而在东方的日本，虽然其慈善事业是仿照美国模式发展起来的，但由于受历史传统、文化和法律等多方面因素的影响，其慈善事业的发展与美国在很多方面表现出较大差异，这也为我国慈善事业发展提供了借鉴的思路。

对比西方国家慈善事业的发展，详细比较了我国公益捐献的发展现状。发现在捐赠数额、捐赠领域、捐赠动机以及善款的分配和使用等方面，我国企业都与西方企业存在一定的差距，这种差异性主要源于我国转型经济的特殊制度背景。首先，经济发展程度决定了企业慈善捐赠的能力；其次，转型期慈善制度的不完善限制了善款的使用效果；最后，成熟慈善文化的缺失约束了企业的慈善理念，使得我国企业的捐赠行为表现出独特的政治动因。

在实证部分，我们以2008年度上市公司公布的地震捐赠数额为契机，研究在我国特有制度环境下，上市公司的公益捐赠行为、现状以及这种现状背后的原因。研究表明：①所有权性质（国有控股还是私营控股）显著影响企业的公益捐赠行为。具体来讲，在汶川地震中，私营企业捐款的积极性更高。②进一步分析发现，产权性质的这种影响来源于产权保护和契约执行力度的地区差异。在政府干预程度较高的地区，契约执行力度弱，私营企业的产权得不到应有的保护，作为替代机制，私营企业主更愿意通过公益捐赠方式谋求和政府的关系，以寻求政府的保护。另外，我们以企业上市时间的早晚作为企业政企关系的替代变量进行分样本检验，研究发现上市时间对私营企业捐赠行为的影响显著，而对国有企业的影响不明显。进一步表明私营企业捐赠背后隐含着政治动机，而这种动机源于我国转型经济背景下产权保护的不力。

　　总之，本书的研究表明，公益捐赠不仅是抽象的道德问题，而且有其十分复杂的社会、经济甚至是政治背景。在国内，由于经济体制的不完善，产权保护和契约实施力度的地区发展不均衡，公益捐赠甚至被企业作为寻求政企关系的一种手段。

第五章 社会责任信息披露行为分析

第一节 问题的提出

如前文所述，汶川地震当年，我国有1500多家上市公司，根据笔者的粗略统计，发现其中只有900多家实施了捐赠。并且，这900多家捐款的公司选择了不同方式的披露策略。总体来看，本书将这些公司捐赠信息的披露方式分为以下几种：以单独的捐款公告方式披露、在年度报告之外单独披露（发布社会责任报告方式披露）；在财务报告附注信息中披露，较多是在营业外支出部分的解释条款中；在董事会报告中以专题形式予以披露；等等。当然，不同的披露方式在信息传达的及时性和详略程度上存在一定的差异。

前文已经论及，上市公司的公益捐赠行为不是一个抽象的道德问题，而有其十分复杂的社会、经济、文化甚至是政治背景。那么，在我国转型经济背景下，上市公司对捐赠信息选择不同的信息披露方式，其后蕴含着什么动因，这种动因又受哪些因素影响？值得我们深入探讨。

第二节　社会责任信息披露的理论分析

一、信息披露的理论基础

通常认为，信息披露的理论基础是基于两权分离的委托代理理论和信息不对称的信号传递理论。

信息不对称理论（Asymmetric Information）认为，在证券市场，由于股东的分散性和专业知识的局限性，广大股东不能够直接参与公司的日常管理，而只能委托职业经理人代其管理企业。但是，作为委托人的股东却无法观察经理的全部行动，也无法充分了解经理的管理能力，即委托人只能获取关于经理行动和能力的不完全的信息。而经理作为内部人员则拥有更多、更准确的关于企业经营现状和未来的信息，即存在内部信息，从而能够利用信息优势赚取超额利润。这样，投资者由于不能充分掌握有关企业经营风险的信息，因而不能正确评价企业，进行正确的投资，从而发生逆向选择，导致市场资源配置的低效率。

委托代理理论（Agency Theory）认为，委托人与代理人之间由于信息不对称导致的冲突可以通过信息披露在一定程度上得到缓解。而对受托责任的履行情况进行报告正是委托人用以监督代理人履行契约关系的一种手段，代理人则有责任和义务如实地向委托人反映行为责任的落实与执行情况。信号传递理论认为，在充满信息不对称的资本市场，高质量的公司为了区别于那些较次的公司，就有动力将自己所拥有的内部信息主动向资本市场提供，以吸引优质资源流向自己的公司。

二、社会责任信息披露的理论基础

国外关于社会责任信息披露的研究主要集中在环境信息的披露方面，对捐赠信息披露的研究较少涉及，主要有以下观点：

（1）受托责任理论。美国学者约翰·马雷斯卡认为，企业是用来创造财富的，但企业应该负责任地创造财富，确保整个过程造福于社会。企业应对更多的公众，而不仅是对其拥有者和股东负责任。

持该观点的学者，是从受托责任的思想和理论出发，来解释企业为什么要提供环境责任信息。这一理论观点在国外会计理论界中比较流行，如布伦顿·菲尔德（Brenton Fielder）和格伦·莱曼（Glen Lehman）在其《会计、受托责任和环境因素》一文中称："我们认为，环境信息应该公开，以便其他人可以接触到这些信息，并对之进行评价。作为社会成员的公司，在进行长期投资决策时有责任考虑环境因素，同样它也有责任将环境信息提供给社会其他成员。"

（2）政治经济理论。政治经济理论认为，企业披露社会责任信息的动力和压力主要来自政治方面。通常而言，大企业更容易受到政府相关部门的关注，因此更多地受到来自政治及制度的压力，对政治成本更为敏感，有动力披露较多的信息（Watts 和 Zimmerman，1986）。认为环境信息（社会责任信息）披露是一种先发制人的策略，可以避免政府干预。尤其当公司面临日益增加的政府干预时，压力集团的出现对公司是一种威胁，会增加公司的政治成本，公司转而通过自愿性环境信息披露以抵制这种成本。

（3）合法性理论（Legitimacy Theory）。国外较多研究用合法理论对企业社会责任信息披露的动因进行解释。合法性理论认为，企业社会责任信息披露的动因是为了满足法律的相关规定或为了能够继续经营。企业的目标是创造利润，而合法存在是其赚取利润的基本前提，因此，企业披露社会责任信息的主要目的是为了不违反信息披露的相关法规（Patten，1991；Gray 等，2001）。Patten（1991）、Gray 和 Vint（1995）发现当公司所在行业要面对环境污染、法律诉讼等困境时，社会责任信息披露的内容有所增加。企业披露社会责任信息不仅能用于修复受威胁的合法性，还能用于维持合法性。即使企业的实际行为符合公众预期，合法性也可能因为没有和公众进行很好的沟通而受到威胁（Deegan，2002）。此外，当企业的公众形象与其行为不一致时通过社会责任信息披露向公众展示企业在做正确的事也可以获得合法性（Buhr，1998）。

（4）外部压力论。该理论认为企业进行环境信息的披露是由于其所受外部压力所致。并将企业在环境信息披露方面受到的压力分为政府施加的压力和社会公众施加的压力。前者是政府通过颁布一系列法规制度的形式实现的直接压力，而后者是通过舆论或市场行为来实现的一种间接压力。

（5）社会契约论。该理论认为契约（制度）是重要的，契约的完善程度影响到国家的发展、企业的发展和会计发展。Alchain、Demesetz、Jensen 和 Meckling 等把公司视为"一系列契约的集合"，而"企业"与"市场"作为配置资源的不同方式，都是人们对契约作出不同选择的结果。人们之所以放弃"市场"而选择"企业"，是为了节约交易费用。企业如果要持续发展，就必须重视其对社会的契约组合。契约分为显性契约和隐性契约，显性契约由于权责明晰，发生纠纷的可能性较小，一旦发生纠纷，也很容易判断双方的责权。所以，社会责任信息披露对企业的影响主要体现在隐性契约的约束力量方面。现实世界的复杂多变性使得隐性契约设计很难达到十全十美，一旦出现违约，双方的责权很难划分，对企业造成的影响也具有很大的不确定性。而积极履行社会责任的企业，由于公众形象好，其隐性违约成本较低。

（6）信号传递论。信号传递观点认为企业可以并且愿意通过年度报告将自己展示为有社会责任感的企业，指出"信息传递理论有其合理成分，但是信号传递的深层动机与社会责任信息披露的现状不吻合"。认为在自愿披露的情况下，企业可能披露不中立、不公允的信息，导致信号传递理论解释力度不够①。

---

① 龚明晓. 企业社会责任信息决策价值研究［D］. 暨南大学博士学位论文，2007.

第三节　我国社会责任信息披露现状

一、社会责任信息披露的法规现状

1. 社会责任信息披露的法规现状

2002 年 1 月，中国证券监督管理委员会和国家经贸委联合制定并颁布了《上市公司治理准则》。该准则首次对上市公司提出了社会责任的要求，明确了公司要尊重和维护利益相关者的利益，重视社会责任，并要求上市公司按照法律、法规及其他有关规定，披露公司治理的有关信息。

经过一系列调研和多方论证，深圳证券交易所于 2006 年 9 月率先发布《上市公司社会责任指引》（以下简称《指引》），《指引》鼓励上市公司根据其要求建立社会责任制度，定期检查和评价公司社会责任制度的执行情况和存在问题，形成社会责任报告。上市公司可将社会责任报告与年度报告同时对外披露。《指引》要求上市公司的社会责任报告的内容至少应包括：关于职工保护、环境污染、商品质量、社区关系等方面的社会责任制度的建设和执行情况，社会责任履行状况是否与本《指引》存在差距及原因说明，改进措施和具体时间安排等方面。

此外，国务院国有资产监督管理委员会颁布的《关于中央企业履行社会责任的指导意见》（以下简称《指导意见》）要求有条件的企业要当期发布社会责任报告或可持续发展报告。《指导意见》第 18 条明确提出："建立社会责任报告制度。鼓励有条件的企业要定期发布社会责任报告或可持续发展报告，公布企业履行社会责任的现状、规划和措施，完善社会责任沟通方式和对话机制，及时了解和回应利益相关者的意见建议，主动接受利益相关者和社会的监督。"

2008 年 3 月，福建证券监督管理局发布《福建上市公司、证券期货经营机构、证券期货服务机构社会责任指引》。其内容与深交所《指引》差不多，但具有一定的强制性。要求注册地在福建省内的上市公司履行社会责任的评价机制，定期检查和评价社会责任制度的执行情况和存在的问题，并公布履行社会责任的现状、规划和措施。

2008 年 5 月，上海证券交易所发布《关于加强上市公司责任承担工作的通知》。2008 年 5 月，上海证券交易所发布《上海证券交易所上市公司环境信息披露指引》，其中第三条明确说明："本所鼓励公司根据《证券法》、《上市公司信息披露管理办法》的相关规定，及时披露公司在承担社会责任方面的特色做法及取得的成绩，并在披露公司年度报告的同时在本所网站上披露公司的年度社会责任报告。"可见，该指引不单单要求企业披露与环境相关的要素信息，而是对企业赖以生存的"大环境"，即社会环境的信息披露要求，也就是我们所说的利益相关方的相关信息披露。

2008 年 12 月 31 日，上海证券交易所发布《关于做好上市公司 2008 年度报告工作的通知》，要求上海证券交易所公司治理板块公司、金融类公司和境外上市公司必须披露履行社会责任的报告。与此相应，2008 年上海市有 290 家上市公司披露了社会责任报告，其中 258 家是按要求披露，另外 32 家则系主动披露社会责任信息。而深圳市 2008 年有 100 多家公司主动披露了社会责任报告，其中，注册地在福建省的上市公司属于强制性披露，其余公司则为自愿披露行为，表明部分公司已经开始重视和关注其所承担的社会责任。

可知，目前我国现有法规大部分仍属于引导性规范，而非强制性要求。但考虑到法规的发布单位都是带有政府背景的权威机构，不可避免地会对企业的社会责任行为以及有关的信息披露行为产生方方面面的影响。

2. 各行业的规范：以纺织业为例

在现代社会，劳动生产率和社会责任如同一枚硬币的两面，相辅相成，只有落实好社会责任才能最大限度地调动员工的积极性，获得企业可持续发

展的良好生态机制①。在该理念的指导下，中国纺织工业协会在实施
CSC9000T中国纺织企业社会责任管理体系的过程中，一直有意识地促进行业
内成熟的社会责任信息观念及沟通文化的发展，并率先出台了社会责任报告
的行业规范。

2008年6月，中国纺织工业协会推出《中国纺织服装企业社会责任报告
纲要》，又称CSR – GATEs，基于CSC9000T中国纺织企业社会责任管理体系
以及国家有关的产业政策及法律法规，是国内第一套关于社会责任报告的指
标及规范体系，也是我国第一个关于社会责任绩效披露制度的行业性指导文
件。CSR – GATEs为有意发布社会责任报告的企业提供了一个内容全面翔实、
指标具体可量化的企业社会责任报告写作指南，旨在推动企业通过科学有效
的方法，编制一套对其经营活动所产生的经济业绩、环境保护业绩和社会业
绩的自愿性公开报告。

2009年，中国纺织工业协会推出《中国纺织服装企业社会责任报告评价
体系》。同年初，10家纺织服装企业面向全世界首次发布了社会责任报告，
报告不仅遵照CSR – GATEs的编制要求，而且经过了第三方独立机构的
验证。

可见，单纯的经济数据已经无法建立市场对经济组织的持续而稳固的信
心，以定期或不定期的社会责任报告为主要形式的社会责任信息披露实践，
已逐渐成为市场文明的一种要求和体现。不难想象，一份内容翔实科学、格
式规范的社会责任分析报告，无疑会大大提升企业自身对社会责任实践进行
信息披露的公信力，促进企业与利益相关方的沟通协调，促进企业的可持续
发展战略。

二、社会责任信息披露的计量

一直以来，学术界对社会责任信息披露计量的争议颇多。因为社会责任

---

①　中华服装网：《CSR – GATEs 透明的美德——企业社会责任信息披露敞开大门》。

信息涉及的维度非常多，关系复杂以致难以量化；同时，信息披露概念也比较抽象。概括来讲，已有文献对社会责任信息披露的计量主要采用两种方法：内容分析法和指数法。内容分析法是指通过对企业的文件或者年报进行分析，根据这些文件所披露的社会责任信息的字数、句子数或者页数来衡量企业社会责任信息披露的质量。一般认为某类企业社会责任信息的字数、句子数或者页数越多，则该企业所披露的该类社会责任信息质量就越高。但在内容分析过程中，需要人为界定社会责任信息披露的小类，难免存在主观性。尤其在印象管理（Impression Management）行为存在的情况下，内容分析法的可靠性更值得怀疑。

用指数法衡量企业社会责任信息的过程如下：首先，把公司披露的社会责任信息分为大的类别；其次，确定这些大类所包括的具体小类别，再把每个小类分为定性描述和定量描述两种情况，并对定性描述和定量描述进行赋值；最后，对不同小类的得分进行汇总，总分就是该公司的社会责任信息披露得分。但是在使用指数法对社会责任组成类别进行赋权时，有的研究者认为企业社会责任组成内容有轻重之分，从而对某些项目人为地赋予较大的权重，也使得这种方法的可靠性受到一定的怀疑。

已有文献对社会责任信息披露指数的构造大都比较粗糙，这些方法不能从实质上反映出企业社会责任信息披露水平，最终可能影响到实证研究结论的可靠性。鉴于此，本书对汶川地震中上市公司捐赠信息披露水平的度量没有采用指数法或者内容分析法，而是采取相对比较客观的方式，从时间维度和内容维度两个方面来衡量。由于本部分研究主题是企业捐赠行为背后的政治动因，所以衡量指标更侧重于信息披露的时间维度。认为捐款过后马上披露相关信息的企业，其追求社会轰动效应的政治动因成分更多，也认为该种披露方式更为积极。

三、我国捐赠信息披露状况——以地震捐款为例

李正（2007）把我国企业的社会责任信息披露体系分为四个大的类别：

年度报告内的分散披露形式、年度报告内的独立披露形式、年度报告外的独立披露形式和大众媒体披露形式。其中，年度报告内的分散披露形式是指企业社会责任信息存在于年度报告的不同部分，例如，分布于年报的公司治理结构、财务报表附注、董事会报告等部分，但是还没有形成独立体系。

对于慈善捐赠信息，国际上目前基本没有将其纳入强制披露的范畴，而是将其作为公司履行社会责任的一种方式列入自愿性信息披露的行列。例如，美国证券交易委员会（SEC）基于公司捐赠是公司日常商业运作的认识，没有要求公司捐赠信息的强制性披露。我国证券监督管理委员会目前也没有对捐赠信息作出强制披露的要求，因此形成了汶川地震捐款中，上市公司对自己的捐赠信息采取不同的披露方式，也为本书研究自愿性信息披露策略背后的政治动因提供了机会。

鉴于前文对信息披露状况的分析，为了保证客观性，本书将地震捐赠信息披露方式分为三类：捐款公告披露、年度报告外的独立性报告（如 CSR 报告）披露和年报内披露。此外，我们的样本中也存在少量的大众媒体披露形式。大众媒体披露指通过报纸、广播、电视、新闻网络、公司网站等媒体披露公司的社会责任信息。根据大众传媒披露方式传递信息的及时性，我们将其与"捐款公告"方式归为一类。

数据搜集过程中，笔者发现还有十多家公司不仅以捐款公告方式及时披露捐款信息，还在年末给出了单独的社会责任报告，对此笔者也将其归入了"捐款公告"类。并认为公告披露方式最优，社会责任报告披露方式次之，而把年报披露方式界定为最劣等。同时，最优方式也意味着管理层选择该种披露策略，其背后蕴含的政治动因最强。

原因如下：首先，从披露时间来讲，公告披露属于临时披露，保证了信息供给的及时性。而后两者属于定期披露，只能在特定时间给予披露。尤其是在汶川地震特定事件中，政府应对突发自然灾害的能力毕竟有限，希望能以最快的速度筹措到足够的救灾资金，电视、网络等媒体也适时组织发起各种捐款倡议。在这种背景下，企业如果捐了款，但是管理层并不急于向公众传递自己的捐赠信息，那么有可能其是出于纯粹利他的慈善目的。但是如果选择了捐款公告方式，表明管理层希望能够尽快向公众展示企业的社会责任感。我们因此认定该种信息披露策略含有利己的经济动因和政治动因。例如，我们在后文案例中提到的日照钢铁，选择在中央电视台的大型募捐晚会高调出场并捐出 1 亿元的巨额善款，如果说其捐赠行为出于纯粹的利他动因就值得怀疑。

其次，就信息披露质量来看，前两种披露方式传递的信息比较精确，而年报披露方式则具有很大的随意性，尤其是部分样本给出了非财务信息，导致量化困难。鉴于不同披露方式在传递信息的及时性和精确性方面的差异，结合本书的研究目的，笔者对不同披露方式的优劣进行了排序，以便后文可以使用 Order Logit 模型进行实证检验，并认为不同披露方式背后蕴含的政治动因有差别。

下文给出了上市公司地震捐款信息披露方式的具体案例，借以对捐赠信息披露方式的优劣进行直观地比较。

1. 公告披露

长航凤凰（000520）：向汶川地震灾区捐赠（节选）：

2008 年 5 月 12 日 14 时 28 分，四川汶川地区发生 8 级大地震，已造成特大人员伤亡和财产损失。苍生泣血，举国恸容。为了帮助灾区人民恢复生产，重建家园，长航凤凰及全体员工发扬"一方有难，八方支援"的精神，以实际行动支援灾区。经公司董事会研究决定，向地震灾区捐助 100 万元人民币。

与此同时，公司向全体员工发出赈灾募捐倡议，号召为受灾的地区捐款，奉献爱心。截止到 2008 年 5 月 20 日，公司员工个人向灾区捐款共计人民币 526399 元。

此外，我们的样本中也存在少量的大众传媒披露方式。例如，贵州益佰制药公司为地震灾区捐款 123 万元和价值 100 万元药品。

5 月 14 日，贵州益佰制药股份有限公司全体总动员，向四川汶川地震灾区捐赠献爱心。

公司总经理窦玲个人捐赠 50 万元，董事长叶湘武捐赠 10 万元，其他 5 位高层管理人员捐赠 50 万元，公司员工捐赠 13 万余元，共计 123 万余元。

据悉,公司还向灾区捐赠价值 100 万元的药品,同时,组织数百名员工参与义务献血。

(新闻来源:《贵州日报》,2008 - 05 - 15。)

由此可见,企业管理层选择该种披露方式的好处是可以及时地向市场以及社会公众传递自身积极履行社会责任的信息。在我们的样本中,采取捐款公告方式的公司,其披露时间大多集中在 5 月 13 日至 6 月中旬一个多月的时间内。并且管理层在对捐款公告的遣词造句方面,也比较富有感情色彩。"苍生泣血,举国恸容"一句话,将灾害的严重性以及捐款的急迫性鲜明地表达出来。这种富有煽情效果的语句无疑也传达了管理层对披露事件的重视程度。另外,捐款公告的内容也比较翔实具体。在汶川地震的特殊时期,在全国人民热切关注抗震救灾进展的背景下,发布这种捐款公告引发的社会反响无疑是巨大的。作为理性经济人的管理层预料到这些,选择这种方式披露捐赠信息,或多或少也希望引起媒体的关注,引起政府、投资者等利益相关者的关注和认可。其捐赠行为无疑蕴含着强烈的政治动因。

2. 年报外单独披露方式,即 CSR 报告方式披露

海亮股份有限公司社会责任报告(002203)(节选):

公司坚信其提供的产品和服务具有为社会带来巨大效益的潜力,在兼顾公司和股东利益的前提下,公司积极参与各类社会公益活动,注重考虑社区利益,构建和谐和友善的公共关系,努力回报社会。

公司热心参与社会救助和公益事业。在发生重大自然灾害和突发事件的情况下,以大局为重,积极提供财力、物力和人力等方面的支持和援助,应对危机,共渡难关,促进社会和谐。2008 年 5 月 12 日四川汶川大地震发生后,公司在第一时间捐款 100 万元人民币,还主动捐资 280 万元人民币,与控股股东合作在四川青川县建造一所希望小学;公司全体员工积极捐款,党员主动捐献特殊党费,帮助灾区抗震救灾、重建家园。

由于上市公司的社会责任报告大部分是随着年报一同披露的,并且社会责任报告的内容还会涉及企业履行社会责任的其他方面,可能会削弱市场对捐赠信息的反响。因此认为该方式的披露效果不如前一种方式灵活和及时,

而管理层采取这种方式披露捐赠信息的政治动因相对要弱些。

3. 其他披露形式

(1) 年报内披露形式 (财务报告附注披露)。中成股份 (000151) 2008 年年度报告 (节选):

营业外支出

项目	本年发生额 (万元)	上年发生额 (万元)
非流动资产处置损失合计	73564.21	4865.26
其中: 固定资产处置损失	73564.21	4865.26
无形资产处置损失		
非货币性资产交换损失		
债务重组损失		
公益性捐赠支出	300000.00	
非常损失		
盘亏损失		
其他	10502.02	
合计	384066.23	4865.26

注: 公益捐赠支出系公司本年向地震灾区捐助款。

(2) 在年报董事会报告中以专题形式披露。中信海直 (000099) 2008 年度报告:

在中国民用航空局、中信集团及抗震救灾指挥部的指挥下, 公司以高度的政治责任感、过硬的作风和精湛的技术, 克服艰难险阻, 圆满完成抗震救灾的各项任务, 为抗震救灾做出了积极的贡献。从 5 月 15 日到 7 月 8 日的 53 天中, 共飞行 329 架次, 371 小时 54 分, 运送伤员和救灾人员 1162 人次, 运送救灾物资 90114 公斤, 为中信集团、中信海直争得了荣誉。

虽然中信海直公司也详细披露了自己抗震救灾的信息, 但给出的都是非财务性指标, 捐赠质量无法量化。并且在行文表达方式上, 使用的是比较专业的术语, 例如 "飞行 329 架次, 飞行 371 小时 54 分, 运送伤员和救灾人员 1162 人次, 运送救灾物资 90114 公斤" 等。若非业内人员, 一般公众很难准确地货币化他们的救灾行为。其实，公司完全可以在上文中补充一句"中信海直提供的运输劳务合计约人民币×××元"。既然管理层没有意识到该种披露方式的负面影响，也表明其信息披露策略没有明显的利己动因。

我们因此只能将该种披露方式认定为"公司捐款，但具体捐赠数额不详"。此外，大部分公司在年报附注的"管理层讨论和分析"部分的披露内容也不如社会责任报告中的详细。由于这类信息披露方式在时间上的滞后性，在内容方面的不系统性，我们将其认定为最次的方式。

第四节　社会责任信息披露动因的实证检验

一、研究假设

资本市场是资源配置的重要场所，资本市场能否健康运行直接影响上市公司融资效率的高低。但是，由于资本市场本身对投机性的需求以及委托代理框架下代理人道德风险的存在，导致资本市场又广泛存在着信息不对称[①]现象。并且，我国的资本市场是处于经济体制转轨过程的新兴市场，还存在一定的制度性缺陷，证券信息质量不高，使得外部投资者与上市公司之间的信息不对称问题尤其突出。

资本市场上的这种信息不对称，造成信息在不同市场参与者之间分布不均衡，致使经济资源不能达到帕累托最优，限制了资本市场资源配置功能的发挥。如何强化资本市场的信息供给，减少市场参与者之间的信息不对称程度，从而提高资源配置效率，这就需要信息披露制度来从中协调。可以说资本市场能否有效运行，取决于信息披露制度的成熟程度。

---

① 信息不对称指的是某些参与人拥有另一些参与人没有的信息。

按照所披露信息的内容，可以将信息披露划分为自愿性信息披露和强制性信息披露，强制性信息披露是资本市场的基本需求，而自愿性信息披露则是市场的拓展性需求。企业社会责任信息披露是企业向利益相关方说明其经济、社会和环境影响的过程，是企业履行社会责任的综合反映。企业社会责任信息的自愿披露已成为一种国际趋势，成为全球企业界的共识。

选择性信息披露（Selective Disclosure）是上市公司根据自身的需要有选择性地披露特定信息的行为。选择性信息披露在强制性信息披露上表现为信息披露方式与时间的自愿性选择。自愿性信息披露是出于上市公司的具体需要而进行的信息披露，具有非标准性、非格式性等特点，因而它的选择性更加突出。

王雄元等（2008）归纳出选择性信息披露的三种方式：信息披露内容的选择、信息披露时间的选择以及信息披露方式的选择。其中，对于披露内容的选择，Dye（2001）研究发现，公司只会披露对自己有利的信息而不会主动披露对自己不利的信息。对于信息披露时间的选择，陈向民和谭永晖（2002）的研究表明，披露时间较晚的公告一般比披露时间较早的公告有相对弱的市场反应，并且投资者对坏消息的反应总是比对好消息的反应强烈，因此公司有延迟披露坏消息、及早披露好消息的倾向。最后，信息披露方式也有多种选择，包括报纸、网络、电视广播以及信息发布会等，不同的信息披露方式针对不同的投资群体可能产生不同的披露效用。

王雄元等（2008）基于信息披露的内生性，指出上市公司是天然的超级信息拥有者，无论通过自愿性信息披露①还是强制性信息披露方式，上市公司都可以通过选择信息披露时间、内容和方式甚至设计交易来满足自己的特殊利益，信息使用者应该关注上市公司的信息披露策略。

王惠芳（2009）基于信息经济学对信息内部性和信息完美性性质的分

---

① 2001年美国财务会计准则委员会（FASB）在《改进财务报告：增加自愿性》报告中给自愿性披露界定了一个更加专业的定义：上市公司主动披露而非公认会计准则和证券监管部门明确要求的基本财务信息之外的信息。

析，界定了信息的两个分类标准：可观测性①和可核实性②，据此重新将报表信息分为以下三类：可观测且可核实信息、可观测不可核实信息以及不可观测不可核实信息，并将企业社会责任信息界定为可观测但不可核实信息。即通过社会责任信息披露的方式和详略程度可以观测出内部人的披露动因，但是不易验证披露内容的真实性。

由于社会责任信息固有的不可核实性，不论强制性披露规则制定得如何详细，作为外部人的监管方都无法有效监控信息披露质量。即使存在完善的强制披露要求，管理层仍然可以通过控制信息披露数量和披露时间、选择"敷衍性"披露（缺乏实质性内容的信息披露方式）等策略谋取私利。

此外，上市公司管理层在信息方面具有其他利益相关者所无法比拟的优势。这种信息的不对称，给予了上市公司管理层操纵信息披露的空间。其中，对社会责任信息等非财务性语言信息的操纵空间还要大于对报表数据等财务信息的操纵。这是因为，报表数据属于强制性披露内容，其数据的确认、计量和报告，都有诸如会计法、会计准则等法律法规的严格限定，存在较为客观的评价标准，大大压缩了管理层的操作空间。而语言信息操作起来则更加灵活，尤其对于自愿性披露信息，由于证券监督管理委员会没有出台指导规范，几乎完全由上市公司的管理层所掌控。在上述便利条件下，管理层就有机会对语言文字进行"管理"，不落痕迹地在语言信息中融入自利倾向（王雪，2007）。

以汶川地震捐款信息披露为例，在自愿披露框架下，当管理层决定披露该相关信息时，肯定会仔细考虑如何组织语言、何时披露、采取何种方式披露等问题。如前文分析，管理层选择"捐款公告"披露方式的好处是可以及时地向市场以及社会公众传递自身积极履行社会责任的信号。并且捐款公告的内容也比较翔实，捐赠数额具体清晰。在汶川地震的特殊时期，在全国人民热切关注抗震救灾进展的背景下，发布这种捐款公告引发的社会反响无疑

---

① 指公司没有披露该类信息时，外部市场可以判断出是公司拥有信息不愿披露还是公司根本未拥有该信息，该指标侧重于对内部人信息披露动机的考察。

② 指信息的真实性在披露后容易被外部人所验证的程度，侧重于对信息披露结果的考察。

是巨大的。作为理性经济人的管理层预料到这些，通过选择公告方式，无疑是希望引起媒体、政府、投资者等利益相关者的关注和认可。所以我们据此认为管理层信息披露行为的背后存在一定的动机。

综上所述，本书提出以下研究假设：

假设1：在自愿性披露框架下，捐赠数额影响管理层对信息披露方式的选择。一般来说，捐赠数额越大，公司选取的信息披露方式越积极。

假设2：汶川地震捐款中，企业政企关系的强弱影响其对捐赠信息披露方式的选择。具体来讲，政企关系越弱的企业，其选择的信息披露方式越积极。

作为政企关系强弱的代理变量，本书引出以下两个小假设：

有学者指出中国的制度环境与西方发达国家的最大差别在于中国权力至高无上的政治体系。并根据资本来源不同，将其分为"外资"、"民资"和"国资"三类。对于外资，我国政府历来恩遇有加，给予所谓"超国民待遇"，不仅轻其徭薄其赋，而且在土地审批、环保等环节大开绿灯。国有资本则与权力有天然的联系。相比之下，中国的私营企业则是在改革开放之后，在计划经济的夹缝中艰难成长起来的。

虽然私营企业在1987年获得了《宪法》所赋予的合法地位，但在实际的经济和社会生活中，仍然受到多方面的限制，例如资金、经营场所、行业等有形和无形的限制。也就是说，对于私营企业，国家更多地是让渡出一定的自由活动空间和部分自由流动资源，在整体的制度环境中赋予私营企业以一定的合法地位，但在具体的制度安排和相对充分的自由流动资源方面，私营企业并未拥有与其性质相适应的市场体制环境。这种先天不足的政企关系促使私营企业在汶川地震中积极捐款之后会采取比较积极的方式向社会公众传递捐赠信息。因此，我们提出以下假设：

假设2-1：产权性质影响企业捐赠信息披露方式的选择。

与国外成熟资本市场相比较，我国证券市场首次公开募股（IPO）制度带有浓厚的行政色彩。这种特殊的制度安排使得企业为争夺上市资源，不惜花重金疏导各层关系。正如韩志国（2001）所言，额度控制、行政保荐的证券发行办法，政府完全垄断了股票的发行市场。什么企业能够上市公开发行股票，在什么时候才能发行与上市，按什么价格发行以及发行多少，都是行政审批和行政选择的结果。这种制度安排不仅堵塞了真正具有社会化特点的市场融资渠道，也使得企业行为不断地向行政权利和行政机制倾斜，股票的发行和上市行为在这里就演化为企业对政府的"公关"行为。其结果自然是善于处理政企关系的企业率先上市，成为资本市场的幸运儿。因此，越早获取上市资格，不仅表明该企业具备经济实力，更是其具有深厚政企关系的体现。因此，本书提出以下假设：

假设 2-2：上市年限影响企业捐赠信息披露方式的选择。

二、研究设计

1. 样本选取

以证券监督管理委员会指定的信息披露网站巨潮资讯网（http：//www. cninfo. com. cn）为主，结合新闻媒体、《中国证券报》、《证券时报》的相关信息，查询 2008 年度所有上市公司的地震捐赠情况。由于本部分关注的是捐赠公司采取的信息披露方式，其样本数量比前一章有所减少，局限于实施捐赠的 919 家上市公司。其中民营企业 379 家，国有企业 540 家。

信息披露数据的获取：如果公司发布了捐款公告，则将该种披露方式归为"以单独捐款公告方式披露"一类；如果企业公告了 2008 年度社会责任报告，则将该种披露方式归为"以社会责任报告形式披露"一类；若可以从年报的社会责任信息部分和财务报表附注的营业外支出部分获取捐款信息，则将该种披露方式归为"在年报附注或在董事会报告的相关部分进行披露"一类。

2. 变量定义

（1）因变量。捐赠信息披露状况（变量 Disclosure），对捐赠信息披露及时性和详略程度的度量。如果公司在年报附注中或在董事会报告的相关部分进行披露，则变量 Disclo 取值为 1。若以社会责任报告形式披露，则令 Disclo 为 2；如果以单独捐款公告方式披露，则令 Disclo 为 3。变量 Disclo 赋值越高，则认定该种披露方式更及时、更详细、更积极。

(2) 解释变量。捐赠数额：衡量企业社会责任意识的定量指标，即企业实际捐赠金额。为了统一量纲，我们对捐款数额取自然对数。产权性质：本书按照控股股东的性质将上市公司分为国有和私有企业两种。作为公司政企关系的代理变量之一。其中，国有指被政府部门和国有企业（含国有独资和国有控股）控股的上市公司；私有企业指私营控股、外资和集体、社团控股的上市公司。上市年限（Lage）：公司上市年度至 2008 年的间隔，作为公司政企关系的代理变量之一。

(3) 控制变量的选取。前文分析可知，各种因素对社会责任信息披露程度的作用机理是一个复杂过程，可能因国别、经济、政治等环境因素的作用以及样本选择的不同，而使影响因素的作用方向呈现出差异。但是，公司规模、盈利能力、独立董事比例、股权结构、行业类型、负债比率等是以往一般意义上信息披露研究文献共同证明的影响因素。

本研究因此选取公司规模（Size）、财务业绩（Roa、Roe）、所属行业（Industry）、负债水平（Level）等变量作为控制变量，同时考虑其他类别的变量，并利用资本市场数据对其对捐赠信息披露水平的影响予以验证。

3. 模型设定

$$Discl = \beta_0 + \beta_1 \times Ltdonate + \beta_2 \times Pri + \beta_3 \times Lage + \sum_{j=1}^{4} \beta_j \times Control + \beta \times$$

$$Gov + \sum_{i=1}^{5} \beta_i \times Ind$$

其中，Control 是公司特征的控制变量的简称，具体包括 Roa、Size、Level、Herf 四个变量；Gov 指有关的公司治理变量，用来控制股权结构（Z 指数）董事会规模（Ndir）、独立董事人数（Nddir）、董事长与总经理是否两职合一（Heyi）等公司治理因素对捐赠信息披露行为的影响。

4. 数据来源

所需财务数据主要来自 CSMAR 和 CCER 数据库，对于部分缺失数据，手工从巨潮资讯网上搜集整理。文章的数据处理主要基于 Microsoft Excel 2007、STATA 10.0，其中描述性统计和回归分析主要基于 STATA 10.0 和 EViews。

三、实证结果及分析

1. 数据分析

由表 5-1 可知在 900 多家公司中，只有 233 家公司采取捐款公告方式披露捐赠信息，其中私营公司的绝对数量和相对比例都要高于国企。更多的国企采用了社会责任报告方式披露捐赠信息。这与我国现行的信息披露政策有关。①

表 5-1　信息披露变量的产权分布

捐赠信息披露方式	产权性质		合计 (912)
	国有 (550)	私营 (362)	
年报附注披露	182	158	340
CSR 披露	255	84	339
捐款公告	113	120	233

由表 5-2 和表 5-3 可知，信息披露方式的选择与捐赠数额之间的关联性较强，关联系数达到 0.7768。产权性质也影响信息披露方式的选择。同时，公司规模 Size、财务业绩 Roa 与捐赠数额的关联程度也较高。

---

① 上海证券交易所要求：本所上市的"上证公司治理板块"样本公司、发行境外上市外资股的公司及金融类公司，应在 2009 年年报披露的同时披露公司履行社会责任的报告（以下简称"社会责任报告"）。而符合条件的又多为国有上市公司。

表5-2 主要变量的描述性统计

变量	Obs	Mean	Std. Dev.	Min	Max
Disclo	1526	1. 125164	1. 104712	1	3
Ltdonate	1478	8. 315001	6. 969046	0	17. 03439
Ldonate	1498	8. 049884	6. 978453	0	17. 0121
Pri	1526	0. 3826999	0. 4862053	0	1
Lage	1526	2. 13229	0. 6464929	0	2. 944439
Size	1526	21. 48695	1. 28602	18. 36791	26. 61864
Roa	1526	0. 0225448	0. 0384717	0. 099162	0. 179908
Level	1526	0. 5529027	0. 345021	0. 075529	2. 923568
Herf-5	1526	0. 1700267	0. 1208028	0. 0121503	0. 5746609

表5-3 主要变量的相关系数矩阵

变量	Disclo	Ltdonate	Pri	Lage	Level	Size	Roa
Disclo	1.0000						
Ltdonate	0.7768	1.0000					
Pri	0.1521	0.2771	1.0000				
Lage	-0.1609	-0.1086	-0.2026	1.0000			
Level	-0.1021	-0.0967	0.0272	0.2032	1.0000		
Size	0.2948	0.3665	-0.3215	0.0563	-0.0883	1.0000	
Roa	0.2577	0.2895	0.0438	-0.0763	-0.2559	0.2178	1.0000
Herf-5	0.1011	0.1131	-0.1939	-0.2008	-0.1000	0.2873	0.1842

2. 基本回归及分析

表5-4 主要模型全样本回归结果

	O Logit 模型 1-a (N=919)	O Logit 模型 2-b (N=919)	O Logit 模型 2-a (N=919)
	Coefficient (Z值)	Coefficient (Z值)	Coefficient (Z值)
Pri	-0.0599 (-0.41)	-0.0714 (-0.48)	-0.0859 (-0.58)

续表

	O Logit 模型 1 – a (N = 919)	O Logit 模型 2 – b (N = 919)	O Logit 模型 2 – a (N = 919)
	Coefficient (Z 值)	Coefficient (Z 值)	Coefficient (Z 值)
Lage	– 0. 3033 (– 3. 19 ***)	– 0. 3412 (– 3. 42 ***)	– 0. 3314 (– 3. 32 ***)
Roa	2. 9596 (1. 99)	3. 4929 (2. 34 **)	3. 0529 (2. 04 **)
Level	– 0. 0284 (– 0. 20)	– 0. 0137 (– 0. 1)	– 0. 0263 (– 0. 18)
Size	0. 0438 (0. 82)	0. 0821 (1. 46)	0. 05609 (0. 98)
Hushi	0. 1202 (0. 91)	0. 1019 (0. 78)	0. 1248 (0. 95)
Ltdonate	0. 0492 (2. 40 **)		0. 0479 (2. 32 **)
Herf – 5	– 0. 4315 (– 0. 81)	– 0. 2789 (– 0. 46)	– 0. 3408 (– 0. 56)
Z		– 0. 0007 (– 0. 3)	– 0. 0005 (– 0. 18)
Ndir		– 0. 0144 (– 0. 38)	– 0. 0230953 (– 0. 61)
Nddir		0. 1002 (1. 42)	0. 0974898 (1. 38)
Heyi		0. 0234 (0. 17)	0. 0235835 (0. 17)
行业	控制	控制	控制
Pseudo R^2	0. 0205 (0. 0001 ***)	0. 0192 (0. 0013 ***)	0. 0219 (0. 0004 ***)
Likelihood – ratio test	LR chi2 (1) = 5. 93 Prob > chi2 = 0. 0148 **		LR chi2 (1) = 5. 51 Prob > chi2 = 0. 0189 **

注：为了减少异常值的影响，对所有连续变量值在 1% 和 99% 处采取缩尾（Winsorization）处理。***、**、* 分别表示在 1% 、5% 、10% 水平显著。

从表 5 - 4 的全样本回归结果来看，无论模型（1）还是模型（2），捐款数量 Ltdonate 的影响都在 5% 的水平显著。为了解决变量 Ltdonate 的内生性问题，我们进行了似然比检验。根据 STATA 的解释，似然比检验要比输出的渐进 Z 检验更准确。首先，我们用 Estimates Store 命令将完整模型回归结果暂存于内存中，并将完整模型指定为 A；然后，排除可能引起内生性问题的变量 Ltdonate，得到简化模型 B，并对其进行回归；最后，对简化模型 B 与完整模型 A 是否存在显著差异进行似然比检验。如果似然比检验结果显著，说明两个模型存在显著差异。由于两个模型的差别就在于是否包含变量 Ltdonate，因此，我们可以进一步由模型的差异推论出变量的影响是否显著。从给出的结果看，似然比检验显著（LR chi2 (1) = 5.51，伴随概率 1.9%），说明在控制了其他变量对捐赠数额的影响后，捐赠数额对信息披露的影响依然显著。

模型（2）是在模型（1）的基础上添加了股权制衡度（Z 指数）、董事会规模（Ndir）、独立董事人数（Nddir）、董事长与总经理是否两职合一（Heyi）等公司治理的有关变量。回归结果表明公司治理变量加入后对模型的解释力并不显著，对模型拟合优度也没有显著改进。这意味着对于本文的研究主题来讲，公司治理相关变量的解释力有限。

笔者认为造成这种状况的主要原因在于传统的公司治理模式或许并不能有效促进企业社会责任的履行。其中传统公司治理最明显的特征是股东价值导向，公司治理只关注公司控制权在股东和经理层之间的配置和制衡。在这种理念导向下，在组织结构设置上，依赖董事会的监督来约束经理层的代理行为，而董事会作为股东的代理机构，其人员配备服务于股东利益。但是，在企业的经营活动中，除了股东，还存在很多重要的其他利益相关方，忽视他们的利益只能阻止企业社会责任行为开展。本书后面章节还有对该问题的深入探讨。

在全样本回归结果中，产权性质对信息披露方式的影响总体不显著，似乎捐赠信息披露与产权无关。但是上市年限 Lage 的影响显著为负值，说明总体来讲，企业上市越晚，其选择的信息披露方式越积极。捐款数额越大，其选择的方式越积极。从而验证了假设 1。为了具体考察产权性质对披露方式的影响，我们进行了分样本回归。

3. 进一步分析

表5-5是分样本回归结果。按产权性质将样本分为两组，其中国有上市公司有540家，私营上市公司相对较少，有379家。从分样本检验结果可知表示捐款数量的变量Ltdonate受产权性质的影响显著。在私营上市公司样本组，该变量显著为正（系数为0.1062，Z值为2.65，在1%水平显著），说明私营上市公司捐款越多，采取的信息披露方式越积极。而在国有上市公司样本组，该变量虽然为正，统计上不再显著（Cof=0.0249，Z=0.98），并且似然比检验也不再显著，说明捐款数额对披露方式的影响不显著。即国有企业实施捐赠后，在信息披露方式的选择上没有私营公司那么积极，验证了假设2-1：产权性质影响企业捐赠信息披露方式的选择。

此外，上市年限（Lage）对私营上市公司影响显著（Z值为-2.88，在1%水平显著），而对国有公司的影响，统计上不显著（Z值为-1.25）。因为私营企业上市年限越短，其政企关系越弱，从而更有动力积极披露自己的捐款信息。而国有上市公司信息披露方式选择不受上市年限的影响。假设2-2：上市年限影响企业捐赠信息披露方式的选择得到证实。

综合来讲，企业政企关系的强弱影响其对捐赠信息披露方式的选择。我国转型经济背景对私营企业的产权保护不力，出于对不利生存环境的理性应对，私营企业将公益捐赠作为建立政企关系的现实手段。从而在捐赠信息披露方面，私营企业选取的披露策略更积极。据以推测我国私营上市公司在信息披露方式的选择上蕴含一定的政治动机。

表5-5　产权性质的分样本检验

	Order Logit 模型			
	Pri=1 （N=379）		Pri=0 （N=540）	
	Coefficient	Z值	Coefficient	Z值
Lage	-0.4021	-2.88***	-0.1837	-1.25
Roa	2.1061	1.18	4.0585	1.52

续表

	Order Logit 模型			
	Pri = 1（N = 379）		Pri = 0（N = 540）	
	Coefficient	Z 值	Coefficient	Z 值
Level	− 0.0002	− 0.01	− 0.0824	− 0.15
Size	0.1223	1.25	0.0481	0.67
Herf_ 5	− 0.0059	− 0.01	− 0.7552	− 1.11
Hushi	0.1996	0.90	0.1155	0.65
Ltdonate	0.1062	2.65 ***	0.0249	0.98
Ind	控制		控制	
Pseudo R^2	0.0379	0.0022 ***	0.0175	0.0706 *
Likelihood − ratio test	LR chi2（1）= 8.20	Prob > chi2 = 0.0042 ***	LR chi2（1）= 0.96	Prob > chi2 = 0.3279

注：为了减少异常值的影响，对所有连续变量值在 1% 和 99% 处采取缩尾（Winsorization）处理。***、**、* 分别表示在 1%、5%、10% 水平显著。

4. 稳健性检验

为了验证实证结论的稳健性，我们还进行了稳健性测试。在前述回归基础上，将反映公司捐款数额的变量改为捐款的相对数额：捐款总额与本年度净利润之比（在前面使用了企业捐赠的绝对数额，即捐款总额的自然对数）作为关注变量，同时将控制变量中表示企业财务业绩的指标换为 Roe 等；从与表 5 - 4 的回归结果比较来看，解释变量依旧显著，模型拟合情况也未发生显著改变。总之，比较稳健地支持了本书提出的研究假设。

5. 结论

本章以 2008 年汶川地震中实施捐赠的上市公司为样本，研究在我国特有的制度环境下，上市公司社会责任信息披露的影响因素以及这种现象背后的动因。

研究结果表明：其一，捐赠数额显著影响企业的捐赠信息披露行为。一般来讲，捐赠数额越大，企业选择的信息披露方式越积极。其二，企业的政企关系影响捐赠信息披露行为的选择。政企关系弱的企业，选择的信息披露方式要更积极。首先,本章以产权性质作为企业政企关系强弱的代理变量之一,认为私营企业比国有企业的政企关系要弱。实证结果表明,私营上市公司捐款越多,采取的信息披露方式越积极。而国有上市公司披露方式的选择则不受捐款数额影响,即国有企业实施捐赠后,对信息披露方式选择不如私营公司那么积极。其次,以企业上市时间的早晚作为企业政企关系的替代变量进行分样本检验,研究发现上市年限(Lage)对私营上市公司影响显著,而对国有公司的影响,统计上不显著。因为私营上市公司上市年限越短,其政企关系越弱,从而更有动力积极披露自己的捐款信息。而国有上市公司信息披露方式选择不受上市年限的影响。即私营上市公司信息披露行为背后蕴含着政治动机,而这种动机是对我国经济转型时期产权保护不力现状的一种理性回应。

第五节　本章小结

本章从信息披露的角度探讨企业捐赠行为背后的政治动因。首先,指出了现代企业普遍存在的两权分离及其引发的代理问题是企业信息披露的理论基础,探讨了社会责任信息披露特有的理论基础。受托责任论、外部压力论、政治经济论、社会契约论、信号传递论等相关理论从各自的理论视角分析了企业主动披露社会责任信息的合理性和必要性。

其次,本书分析了我国政府部门(证券监督管理委员会)、行业协会等组织对企业社会责任信息披露的法规性要求。并以汶川地震捐款的信息披露状况为例,以信息披露时间和披露质量为标准,将其分为公告方式披露、社会责任报告方式披露和年报内披露三类。认为公告披露方式最优,社会责任报告披露方式次之,而把年报披露方式界定为最劣。原因如下:一是从披露时间来讲,公告披露属于临时披露,保证了信息的及时性。而后两者属于定期披露,只能在特定时间给予披露。二是从信息披露质量来看,前两种方式披露的信息较为系统，而年报披露方式则具有很大的随意性。

最后，本章从实证的角度分析了我国上市公司捐赠信息披露的影响因素及这种现象背后蕴含的政治动因。研究表明：①捐赠数额显著影响企业的捐赠信息披露行为。一般来讲，捐赠数额越大，企业选择的信息披露方式越积极。②企业的政企关系影响捐赠信息披露行为的选择。政企关系弱的企业，选择的信息披露方式更积极。证明了私营上市公司信息披露行为背后蕴含着政治动因。

第六章　公益捐赠的社会认同度分析

第一节　问题的提出

汶川地震以来，社会各界积极捐款，作为社会主要经济实体的企业，更是这股捐款潮的主角，从而再次将企业社会责任课题提上了企业发展的日程。从世界范围看，"企业社会责任"（Corporate Social Responsibility）这一思想最早由西方发达国家提出，近年来广为流行，《财富》和《福布斯》等商业杂志在企业排名时都加上了"社会责任"标准。

但是，企业社会责任在我国的现状如何？中国公众和企业自身是否真正意识到企业履行社会责任的重要性和必要性？本章基于政府、投资者、消费者等企业关键利益相关者的视角，着重考察社会各界对社会责任问题的关注和认知程度，借以考察、评判现阶段企业社会责任在我国所具有的社会心理基础。

笔者尤其关注，捐款公司的管理层选择不同的捐赠信息披露方式，会产生怎样的经济效果。鉴于上市公司与资本市场的紧密联系，本章着重从资本市场投资者的角度，实证检验捐款公告披露的效应。

第二节 利益相关者的组成与企业社会责任边界

一、利益相关者的组成

20 世纪 60 年代，斯坦福研究院的学者最早给出了利益相关者的定义：对企业来说存在这样一些利益群体，如果没有他们的支持，企业就无法生存（Clark，1998）。这种界定方法虽然非常狭义，但还是使人们意识到企业的存在并非只为股东服务，还有许多利益群体对企业的生存有所关系。

在 20 世纪 70 年代，利益相关者理论开始逐步被西方企业接受，利益相关者从影响公司的战略决策和管理过程转变成参与。进入 20 世纪 80 年代以后，随着经济全球化的发展以及企业间竞争的日趋激烈，人们认识到之前对利益相关者的定义有所局限。

Freeman（1984）则提出利益相关者是"那些能够影响企业目标实现，或者能够被企业实现目标的过程影响的任何个人和群体"，从而对利益相关者提出了一个更加广泛的定义，正式地将社区、政府、环境保护主义者等利益实体纳入了利益相关者管理的研究范畴，也大大扩展了利益相关者的内涵。

Clarkson（1994，1995）提出了两种分类方法，第一种分类是根据利益相关者在企业经营活动中承担的风险种类将其分为自愿利益相关者和非自愿利益相关者。自愿利益相关者是指在企业中主动进行物质资本或人力资本投资的个人或群体，他们自愿承担企业经营活动给自己带来的风险；非自愿利益相关者是指由于企业活动而被动地承担了风险的个人或群体。

第二种分类是根据利益相关者与企业联系的紧密程度划分，将利益相关者分为首要利益相关者和次要利益相关者。其中首要利益相关者是指如果没有这些利益相关群体的连续参与，公司就不能维持经营，主要包括股东、债权人、员工、客户、供应商、政府；而次要利益相关者则是包括媒体或一些特定的利益集团，它们只是间接地影响企业的经营活动，但并不与企业交易，对企业的生存没有根本性的作用。

Peeler（1998）在前者的基础上加入了社会性维度，将所有的利益相关者分为四种，即首要的社会性利益相关者，包括客户、债权人、员工、当地社区、供应商、其他商业合伙人等；次要的社会性利益相关者，指的是通过社会性活动与企业形成的间接联系，包括居民团体、相关企业、众多的利益集团等；首要的非社会利益相关者，对企业有直接的影响但不与具体的人发生联系，包括自然环境、人类后代等；次要的非社会性利益相关者，对企业有间接的影响，也不包括与人的联系，如非人物种等。

Mitehell 和 Wood（1997）归纳了 27 种有代表性的利益相关者定义，并提出了一种评分法用以界定利益相关者，给予利益相关者三个属性。第一种是合法性，指的是利益群体是否被赋有法律意义上的企业索取权；第二种是权力性，指利益群体是否拥有影响企业决策的地位、能力和相应的手段；第三种是紧急性，指利益群体的要求能否立即引起企业管理层的关注。他认为，至少要符合以上一条属性被划分为企业的利益相关者，要么对企业拥有合法的索取权，要么能够紧急地引起企业管理层关注，要么能够对企业决策施加压力，否则不能成为企业的利益相关者。

Friedman（1962）认为企业的责任就是使其自身利润最大化。而与其相反的观点是利益相关者理论。利益相关者理论认为，企业不仅要为股东服务，而且还要为众多的利益相关者服务。20 世纪 80 年代以后，弗里曼给出了一个广义的利益相关者定义，不仅将影响企业目标的个人和群体视为利益相关者，同时还将当地社区、政府部门、环境保护主义者等实体纳入利益相关者管理的研究范畴。

Carroll（1991）把相关利益者纳入了社会责任框架。他认为要针对每一个主要的相关利益群体考虑社会责任问题。Clarkson（1995）认为相关利益者理论为企业社会责任研究提供的是"一种理论框架"，在这个理论框架里，企业社会责任被明确界定在"公司与相关利益者之间的关系"上。

美国管理学家多纳德逊和邓非（Donaldson 和 Dunfee，1994，1995）将企业与其利益相关者之间所遵循的所有契约形式总称为综合性社会契约，进而将企业社会责任和企业利益相关者的利益要求统一起来。他们认为，企业对利益相关者的利益要求必须做出反应，这是因为"企业是社会系统中不可分割的一部分，是利益相关者显性契约和隐性契约的载体"。

基于前述分析可以发现，相关学者对利益相关者的界定呈现维度、多元化以及层次性特征，总体来讲，基本可以分为核心利益相关方和外延的利益相关方。本书对利益相关者的分析侧重于政府、社区、消费者以及债权人、股东等核心利益相关方。侧重分析其对企业捐赠行为的影响以及对企业公益捐赠行为的反应和认同度。

二、利益相关者之间的竞合关系

在探讨企业各利益相关者的合作问题之前，我们首先来分析各利益相关方在具体企业目标层面的利益差异。企业目标的决定过程是一个无限重复的动态博弈过程，在这过程中决定各利益相关方的谈判实力的是各方所贡献的资源的稀缺性、专用性以及各利益相关者的劳动的复杂性与劳动过程的可监督性。在企业持续经营的过程中，各利益相关方的相对地位，即博弈各方的力量基础也在发生一定的变化和发展。在资金稀缺的经营环境中，提供的资金股东无疑具有较强的谈判实力，也成就了股东利益导向的公司治理模式。但是随着技术、管理因素逐渐成为影响企业核心竞争力的要素，利益相关方治理理念也日益深入。

因此，我们应该辩证地看待股东和其他利益相关者之间的关系。企业利益相关者之间虽然有竞争的一面，但并不是绝对对立，他们之间也有合作的需求。从企业团队生产的本质看，股东和其他利益相关者都对企业投入了自己的专属资源，因而具有获取投资收益的求偿权。其中，股东对企业的求偿权属于剩余收益权，即只有在企业支付了员工工资、债权人利息，依法纳税甚至支付了优先股股息之后，剩余的收益才属于股东。无疑在利益分配的过程中，其他利益相关方的优先求偿权和股东的剩余收益权构成了矛盾。即处于收益求偿链条前端的员工、债权人等其他利益相关者得到的收益份额越大，留给股东的份额就越小。因此，他们之间天然存在着利益的竞争关系。

当然这种竞争关系隐含的前提是"企业的收益蛋糕固定不变"，那么其他利益相关者权益的增加是以牺牲股东利益份额为代价。但是当把企业整体收益做大后，利益各方的权益份额即使不变，其实际的收益也会增加，从而实现各方的共赢。反之，如果企业发展只注重股东利益，而忽视了员工、社区等利益相关方，影响企业经营收益甚至危及企业生存时，股东收益便无从保障。因此，出于合作可能带来的超额收益的激励，利益相关者之间也存在合作的需求。这恰如美国强生公司所信奉的"当真正满足了众多利益相关者的利益诉求后，股东所要求的稳固利润或合理回报也就是水到渠成的事情"（乔治·赫尔曼等，2002）。

总之，利益相关者之间存在竞争合作的辩证关系。一味强调他们之间的竞争只会增加彼此的敌对情绪，同时我们还要看到，通过增进利益相关者合作，可以实现企业整体利益的扩大，"做大企业蛋糕"可以使每个利益相关者都受益，最终实现共赢以及企业的可持续发展。

第三节　利益相关者的社会认同度分析

一、政府对企业社会责任的认知程度

前文已经分析过，企业社会责任是一个综合性系统，是经济责任、法律责任、社会责任以及道德责任的统一体。企业社会责任的履行也不仅局限于单纯的市场经济活动，作为一个企业公民它还要受到特定社会结构、社会群体、社会阶层、社会文化以及社会心理等多种因素的综合影响。这样，市场这只"看不见的手"在规范企业生产经营活动、倡导企业履行社会责任的过程中必然存在着诸多不足。

因此政府的介入可以确保企业更好地履行社会责任。政府介入的方式主要是凭借其行政权威，制定相关的法律法规。社会责任政策出台的频度不仅隐含了政府对社会责任问题的态度，同时也是政府承担自身应有社会责任的表现。

因为中国是个有着强势政府的国家，政府掌握着行业准入的门槛、经营资格的审批、对企业的政策支持和税收优惠。这种权威性使企业都会自觉或不自觉地考虑到政府的政策导向。此外，政府关注的领域还能引发强大的舆论热点，进一步引导企业的行为。

上市公司作为公众公司，通过发行股票方式面向全社会募集资金，由于其涉及资金规模巨大，构成我国企业的主体。因此这里我们着重考察政府监管部门针对我国上市公司出台的有关法规。

我国最近修订的两部基本商事法律——《中华人民共和国公司法》（2005）第五条与《中华人民共和国合伙企业法》（2006）第七条均引进了企业社会责任这一理念，成为世界上最先对企业承担社会责任进行强制性规定的两部基本商事法律。

紧随其后，2006年9月，深圳证券交易所发布了《上市公司社会责任指引》，其中第5条规定：上市公司应按本指引要求，积极履行社会责任，定期评估公司社会责任的履行情况，自愿披露公司社会责任报告。

国务院国有资产监督管理委员会则于2008年初推出了《关于中央企业履行社会责任的指导意见》，同年5月上海证券交易所《关于加强上市公司责任承担工作的通知》、《上海证券交易所上市公司环境信息披露指引》等，这一系列举措充分表明政府监管部门已经认识到企业社会责任的重要性，希望通过政府立法的强大权威性为企业社会责任在我国的健康发展打下良好的制度基础。

二、政府对企业社会责任的认知程度

作为我国企业主体的上市公司，其在响应政府号召、履行社会责任活动方面无疑具有较高觉悟。作为公众公司，上市公司对社会责任问题的认可程度主要体现在有关的信息披露行为方面。因为信息披露的前提是企业必须实际上做了这些事情，可以说信息披露是企业社会责任行为的重要表现方式。

根据毕马威（KPMG）的统计，到1998年，全球《财富》250强的企业中，有35%发布了环境报告；到了2005年，在年报中包含社会责任内容或者单独发布社会责任报告的比例，更是上升到了68%。

在我国，作为履行社会责任的积极表现，企业社会责任报告也出现了飞速发展。在2005年之前，企业社会责任的相关信息只是零星散布于财务年报中，披露内容则集中于环境保护方面。到2005年则发展为以单独的社会责任报告形式向外界传递有关信息。据商道纵横课题组的调查，2005年只有国家电网和中远集团两家公司编制了社会责任报告；2006年增至11家；2007年披露77家；截至2008年11月，披露家数已达121家。数字的飞速增长也表明上市公司社会责任意识的复苏和增强。

企业是否发布社会责任报告可能只是表面形式问题，因为发布报告的公司在信息披露的详略程度上也会存在差异。因此，我们认为企业对社会责任问题的态度也体现在有关信息的行文撰写方面。那么，我国企业在这方面表现如何呢？总体来讲，海外上市的大型国有企业的报告格式比较规范，内容也很详尽。例如，中远集团2005年度的可持续发展报告被评为联合国全球契约的典范，向世界展示了中国企业的社会责任风采。相对而言，国内上市公司社会责任信息披露质量则参差不齐。可能是因为社会责任信息仍属于自愿性信息披露范畴，目前还没有统一的编写格式供企业参考，格式不规范引发了披露内容的多元化。

商道纵横课题组采用Sustain Ability评分标准，分别从公司治理与战略、管理、绩效陈述、可获得性和审计等维度按4分制进行评价。评价结果为管理指标平均得分 1.4，绩效陈述平均得分 1.34，公司治理与战略平均得分 1.29，可获得性和审计平均得分 1.19，各项指标得分均低于中值 2 分，表明我国上市公司社会责任报告质量有待进一步提高。尽管仍然存在技术上的缺陷，但是积极编写社会责任报告的趋势却不可阻挡。

对企业来讲，编制并发布独立的社会责任报告固然会产生一定的成本，但是其影响深远，不仅是企业积极履行社会责任的体现，还具有发现企业内在价值的功能。因为从企业内部来讲，管理层在编写报告的过程中，通过对相关信息的搜集整理，可以量化非财务绩效，发现自身经营面临的各种风险，从而据以制定更有针对性、更具操作性的改进计划，最终增强抗风险能力，提升企业价值。同时，编制社会责任报告的过程，也是企业对公司治理、管理和战略等核心问题进行全方位审视、反思的过程。只有通过这个反思过程，企业才能发现存在的问题与不足，并找到改进的方向，增强其"明日价值"。

从企业外部来讲，编写社会责任报告可以促进企业与利益相关者的沟通，而良好的沟通有助于企业赢得政府、消费者、投资者群体的支持。例如，企业在撰写报告的过程中，就需要广泛倾听重要利益相关者的声音；在报告完成时，还需将信息上报给监管机构、新闻媒体、非政府组织等，从而实现与利益相关者的沟通。例如，国家电网就认为企业可持续发展报告是"企业与利益相关者进行全面沟通交流的重要过程和载体，是对企业履行社会责任的理念、计划的综合反映"。

三、投资者基于价值的判断

投资者对企业社会责任的认可态度具体表现在他们的投资行为上。投资者如果认可企业的社会责任行为，就更愿意购买、持有这些企业的股票，即所谓的社会责任投资。

在西方国家，社会责任投资已从边缘走向了主流平台，三重底线投资①理念已经深入人心，用投资履行社会责任在西方资本市场也蔚然成风。越来越多的投资人，尤其是养老金公司和证券分析师开始将社会责任要素引入投资决策的分析框架中。2001 年，伦敦证券交易所推出"道德指数"（FTSB4GOOD）。2004 年 9 月，日本证券交易所推出社会责任投资指数，此外，美国道·琼斯可持续发展指数（Dow – Jones Sustainability Index）、Calvert Social Index、《财富》杂志及澳大利亚 Reputex 等公司社会责任评估的影响也日益扩大，其入选的社会责任履行业绩良好的公司股票开始受到投资者的青睐。

在国内，以可持续发展为核心的企业社会责任也日益成为市场各参与方关注的焦点，2008 年以来的金融危机也表明，企业存在的意义不是毫无顾忌地追求利润最大化，而应满足利益相关者的多种需求。

人们越来越相信，企业的社会责任将会影响企业的长期价值。认可的表现形式主要是看好公司、支持公司，从而愿意持有公司股票，也愿意消费公司的产品。根据信息披露理论，在资本市场上，上市公司通过将捐赠信息主动、及时地与投资者进行交流，可以提高信息在证券价格形成中的效率，从而引导资本市场的资金流向积极披露信息的那些企业。因为风险和收益之间的权衡是广大投资者进行投资决策的重要依据，而投资者根据信息作出的选择则是证券市场优化资源配置的关键环节。

例如，汶川地震引发了国内企业的捐赠高潮。其中，国内房地产龙头企业万科在地震发生当天，就公开宣布捐款人民币 200 万元，支援灾区建设。但是万科较低的捐赠数额以及集团董事长王石不合时宜的言论，导致了公众对万科的信任危机。其中，就有网民这样评论，"万科的形象在我们心中一落千丈"、"坚决卖掉万科股票"。结果，投资者的抛弃引发了万科股价的"地震"，从 5 月 15 日到 20 日，短短 5 天时间，万科股价大跌 12%。可见，

①　三重底线投资（Triple Bottom Line Investment），指企业投资决策需要考虑经济、环境与社会三条底线。

股价的变动是投资者认同方式在资本市场的集中体现。

此外，社会责任投资理念在我国也取得了迅速发展。深圳证券信息公司于 2007 年 12 月推出了国内资本市场第一只社会责任型投资指数——泰达环保指数。随后，我国第一只社会责任投资产品——兴业社会责任基金也于 2008 年 3 月面世。这一切都表明我国资本市场对社会责任投资理念的重视。

四、消费者的认知程度

在卖方市场，"顾客就是上帝"。诚然，企业的产品只有得到消费者认可，才能在市场经济的激烈竞争中谋求生存和发展。而积极履行社会责任、社会业绩好的企业，消费者对其产品的品牌认可度就高，企业的声誉自然较好。

在声誉经济学中，声誉是一种有价的、可交易的无形资产，它将经营者的当前业绩与其未来收益紧密联系在一起。张维迎也曾指出声誉是一种能保障契约顺利实施的重要机制，而且是比法律更有效、成本更低的长效机制。企业在市场的声誉好，企业的销售业绩自然高；即使价位相同、质量相似的产品，消费者相对更偏爱拥有良好市场声誉的产品；并且如果销售出去的产品发生质量问题，消费者往往会选择私下解决而不愿将企业诉诸法庭，故声誉好的企业违约风险也低。通过声誉这个市场信号，消费者用实际购买行为对社会责任问题给出了自己的回答。

2001 年，一项对欧美消费者的调查表明，70% 的人认为企业对社会责任的承诺是他们在购买商品和服务时考虑的一个重要因素；50% 的人表示会对没有社会责任感的企业采取负面行动；20% 的人表示已对没有社会责任的企业采取了"惩罚"行动。可见，在注重企业与社会协调发展的今天，企业只有履行了基于道义的社会责任，才可能赢得社会的广泛认同，从而提高社会形象和品牌声誉，才有可能进一步发展、壮大。

再比如这次汶川地震捐款事件中，就出现了网友自发组织的"铁公鸡"

排行榜,上了黑名单的企业无论是销售业绩还是品牌价值均受到很大打击,以至于不得不作出声明。相反,积极捐助的企业,不仅没有经济损失,更是名利双收。罐装王老吉所属的加多宝集团捐赠 1 亿元,使这个原本普通的企业走进了公众视野。此后网友一篇题为《封杀王老吉》的帖子更具号召力,"买光超市的王老吉,上一罐买一罐,让它从大家面前彻底消失"的标语引发了王老吉凉茶在各地断货的现象,也充分显示了公益捐赠对品牌的塑造能力和无形的广告效应。

五、社会公众的认知

制度管不到的地方就需要市场主体的责任感和公益心来弥补。在我国相关制度还不完善的情况下,社会公众通过网络媒体、社会舆论等无形的约束力量对企业的不负责任行为施加压力,进行监督。

汶川地震发生之后,企业各界纷纷慷慨捐款。各大门户网站在主页上发布赈灾企业英雄榜。在地震发生当天,国内名气颇佳的地产龙头万科公司宣布捐款人民币 200 万元,在英雄榜单中排名靠后。

许多网友在万科董事长王石博客中发出质疑,本书摘录部分网民的评论:"虽说捐款只是一种爱心的体现,只要付了,就应该有爱心,但看到他们捐款的金额,还是有一些失望。""没有人民支持他们,他们能挣那么多钱吗?"那么,捐款额 200 万元对于地产公司万科究竟是一个什么概念?据悉 2007 年万科销售额排名为内地地产行业第一名,超过 523 亿元,净利润超过 48 亿元①。而此次捐赠的善款,不足其净利润的万分之四。另外,万科在上海外环的一套小户型住房,其价格往往都超出 100 万元人民币。

面对网友的质疑,5 月 15 日,王石在其博客中撰文回复:"万科捐出的 200 万元是合适的。这不仅是董事会授权的最大单项捐款数额,即使授权大

---

① 万科地震捐款不足年净利万分之四 [EB/OL]. http://www.cs.com.cn/fc/02/200805/t20080520_1464736.htm.

过这个金额，我仍认为 200 万元是个适当的数额。中国是个灾害频发的国家，赈灾慈善活动是个常态，企业的捐赠活动应该可持续，而不应成为负担。万科对集团内部慈善的募捐活动中，有条提示：每次募捐，普通员工的捐款以 10 元为限。其意就是不要把慈善成为负担……"① 此文章一出，立即在社会各界引起了轩然大波，也使王石苦心经营和树立的万科形象瞬间崩塌，网友开始质疑王石为富不仁，"其捐款数目跟其收入不成正比"，"不符合他作为行业领跑者的身份"，而其关于捐款的言论更是被网友批得体无完肤。结果，5 月 21 日，万科发布公告宣布公司无偿捐助 1 亿元资金参与四川地震灾区重建。5 月 22 日，王石就"捐款门"事件公开表示道歉。这一切充分显示了网络时代社会舆论的强大力量。

综上所述，政府、投资者、消费者、社会公众等利益相关者对企业社会责任问题的关注度日益上升。尤其是政府，凭借自身在政治经济领域的绝对优势，伸出"有形之手"将企业社会责任扩展到社会和谐发展的空间。胡锦涛同志在 APEC 会议上明确指出企业应该自觉将社会责任纳入经营战略，追求经济效益与社会效益的统一。总之，责任与利益共存。有责任才有竞争力，有责任才会有和谐共赢，这已成为企业和社会的共识。

第四节　资本市场认可度的实证分析

在第三节，笔者从理论上分析了社会责任在我国具有的社会基础。可以说，由于政府部门对该问题的重视，出台了一系列旨在促进社会责任实施推行的政策，企业、消费者等利益相关者也积极响应。但是诚如第三章所述，在我国转型经济的特殊制度背景下，我国 A 股市场的投资者对汶川地震中积极履行社会责任（此处指捐款）的企业如何认识？投资者对不同产权性质企

---

① 人民网. 10 大抗震救灾中的争议话题 [EB/OL]. http：//opinion. people. com. cn.

业的捐赠行为的反应会一致吗？万科"捐款门"事件表明市场并非都认可企业的捐款善举，即社会公众对企业的捐赠行为存在一定的心理预期，如果企业的表现未达到该预期，反倒有可能引起公众的一致讨伐。

在前面章节，我们分别论证了上市公司是否实施捐赠行为以及捐赠信息披露策略选择的背后都蕴含一定的政治动因。而这种动因是对我国转型制度背景下私营产权保护不完善的一种替代。那么，这种自愿性信息披露行为会有怎样的经济效果？利益相关者尤其是资本市场的投资者会如何看待企业这种带有政治动因的慈善行为，他们能否认识到企业捐款行为背后的苦衷，从而对企业的捐赠行为一视同仁？

在本节我们以地震期间上市公司发布单独的捐款公告事件为依据，基于A股市场投资者视角，探讨在我国特殊的制度环境下，不同企业的公益捐赠行为是否产生市场反应，如果产生，市场的这种反应是否具有差异性，造成这种差异性背后的原因又是什么。即从实证的角度重点研究资本市场对企业特定社会责任——公益捐赠履行行为的认知情况。

一、研究假设

赵宇龙（1998）、陈晓和陈晓悦（1999）等研究结论表明了目前我国资本市场能够吸收企业披露的信息并作出理性反应。而自愿性信息披露理论认为，为了避免资本市场的逆向选择问题，上市公司有动机主动披露好消息，以使自己与坏消息公司相区别（Dye，1985）；Bewley 和 Li（2000）将该理论引入社会责任信息方面，认为具有出众的环境绩效的公司更倾向于向股东等利益相关者传递更多的环境信息。

Ingram（1980）发现披露社会责任信息公司的市场表现显著优于未披露公司的市场表现。陈玉清等（2005）建立上市公司对利益相关者承担社会责任贡献的指标体系，计算了我国上市公司的社会贡献，并实证检验了现阶段该信息与公司价值相关性不大。沈洪涛（2007）指出当期公司社会责任对财务业绩有显著的正面影响，但前期的社会责任却对公司财务业绩起到负面的作用。李正（2006）的研究结果表明企业的社会责任活动会减少企业当期价值，但会增加企业的未来价值。温素彬等（2008）的面板数据回归结果表明社会责任变量对财务绩效具有比较显著的正向影响，但这种影响具有一定的滞后性和长期性。总体来讲，现有文献对企业披露社会责任信息行为持肯定态度。但是目前关于我国企业公益捐赠信息披露方面的研究文献还较少。在自愿性信息披露框架下，企业主动披露公益捐赠信息可以建立起报告者与信息使用者之间良好的沟通关系。

"社会是企业的依托，企业是社会的细胞"。企业只有在发展自身的同时，推出有利于社会进步的实际举措，被社会承认和接纳，才能有足够的发展空间。汶川地震为企业树立良好的公众形象，提供了现实机会。一些企业的慷慨义举，就是在"义"、"利"取舍中做出的正确选择。这样的企业自然会受到消费者和投资者的尊敬和赞赏。

因此，本书预期在汶川地震中，积极捐款的企业有动机公告自己公益捐赠的消息，而我国现行资本市场对此也更认可。

假设1：一般来讲，资本市场对积极履行社会责任的企业更认可，即地震期间企业捐赠金额越大、捐赠时间越早，市场认可度越高。

如前文所述，在我国资本市场发展过程中，国家控股的所有权模式、剥离非核心资产的改制方式以及"审批制"和"额度制"相结合的股票发行制度造就了上市公司与控股股东和地方政府之间的紧密关系（李增泉等，2005）。国有企业的产权性质代表了比较密切的政企关系，私营企业受产权性质的约束，不具备这种先天优势。而关系无论对个人还是对企业组织而言都具有便利资源配置和获取资源的功能（刘少杰，2004）。积极主动与政府建立关系可以有效地影响政府政策与法规制定，这已成为企业赢得竞争优势的共识。尤其在我国转轨经济背景下，政企关系对民企的发展尤为重要，因为在转轨期产权保护不完善的制度环境下，良好的政企关系可以保护企业产权免受政府掠夺，可以成为一种有效的替代保护机制。

邬爱其、金宝敏（2008）以浙江省民营企业家为例，考察了影响民营企业家参政水平的各种动机，并从"为谋求更多的社会利益建言献策"、"为民营企业争取更好的政策环境"、"更好地发挥自己的社会价值"、"更好地赢得社会公众的认可"等问卷问题中提取了"履行社会责任"因子。检验发现，"履行社会责任"成为目前我国民营企业家参政的负面因素，说明目前我国民营企业家参政总体上是基于资源获取导向，经济利益是民营企业家参与政治活动的首要和根本动因，纯粹的社会奉献型政治参与动机较少。这也是目前我国民营企业家参与政治活动受到颇多争议和质疑的根源所在。即通过公益捐赠参与政治活动是我国民营企业家经常采用的策略之一，其背后的动因并非完全出于慈善目的。

我们在前文已经论证了，与国企相比，私营企业捐款不仅具有经济动因，更具有政治动因。即在我国转型经济的特定背景下，私营企业公益捐赠行为背后蕴含着强烈的政治动机。通过捐赠、参与公益事业是民营企业获取政企关系的途径之一（张建君等，2005）。而突发的地震灾害，则为那些想和政府处好关系的民营企业家提供了现实机会。尤其是在政府干预程度强的地区，民营企业家更愿意和政府官员达成利益联盟。而民营企业家捐款行为背后的这种政治动因无疑会影响市场对捐款公告的预期。

本书据此分析认为，所有权性质（国有或私有）作为反映政府与企业关系的主要变量，在汶川地震的特殊时期，会影响市场对企业捐赠行为的预期，进而影响市场对不同产权性质企业捐款公告的认可程度。

假设2：一般来说，市场对国有企业和民营企业的社会责任信息披露行为认可程度不同。市场更认可国有企业的捐赠行为。

二、研究设计

1. 样本选取

以证券监督管理委员会指定的信息网站巨潮资讯网（http：//www.cninfo.com.cn）以及新闻媒体、《上海证券报》、《证券时报》、《中国证券报》为主，从上述官方来源共搜到237家董事会关于地震捐款的公告。在计算市场反映指标（CAR）时，一部分公司因在地震期间停牌，相关数据不可得而被删除，剩余211家公司。另外，部分样本公司在2008年新上市，一些财务数据不可得，所以最终样本为185家，其中有三家公司先后发布两份地震捐款公告，且前后间隔时间较长，将其视为两家样本。

2. 变量定义

（1）因变量：累计非正常收益率（CAR）。在西方有关市场反应的文献中，表示投资者反应的指标主要是市场收益率，即股票的超额收益率（Ingram，1980）。而国内表示投资者反应的主要有超额收益率模型（沈洪涛，2008；龚明晓，2007）、股价（李玉清，2006）以及投资者购买持有报酬率模型。因此，本书以累计非正常收益率作为市场反应的替代变量。

对于我国新兴的资本市场，从短期来看β系数不稳定，又因为我国股市存在明显的同涨同跌的"行业轮动"现象，所以在计算超额收益率时，本书选择采用市场调整后的超额收益率模型，并选择某交易日样本所处行业的行业收益率作为该样本的期望收益率。

$$AR_{i,t} = R_{i,t} - R_t$$

$$CAR_{i,t} = \sum_{t=-3}^{3} AR_{i,t}$$

其中，$R_{i,t}$ 为 i 股票在 t 日的个股回报；R_t 为个股 i 所在行业 t 日的市场平均回报率；$AR_{i,t}$ 表示个股 i 在 t 日的非正常收益率；CAR 为个股 i 在 t 日内的累计非正常收益率。虽然长时间窗口的确定可以捕捉到全部市场反应，但不能排除窗口期内其他因素的干扰，借鉴王雄元等（2008）的做法，本书选定公告披露日前后3天为事件窗口期，即（-3，+3）天。

（2）解释变量：企业社会责任履行质量的衡量。

1）捐款数额：在突发的灾难面前，企业的捐款数量和捐款时间可以作为企业履行社会责任质量的客观衡量。国家遭遇灾难，捐赠就不仅仅是一份爱心，更是一份社会责任。落实到企业具体行动中，捐赠数额至少在一定程度上体现其对社会责任的担当，因此我们选取企业捐款的数量作为代理变量。与山立威（2008）的研究不同，本书中捐款数据不仅包括捐款公告中公布的公司捐款数额，同时也包括公司所筹集的员工捐款以及下属分公司的捐款数额。因为员工捐款的质和量反映了员工的社会责任意识，也同时反映了该企业履行社会责任的氛围，资本市场也可能更看重企业突发情况下筹措善款的能力。为了统一量纲，我们将捐款数额除以公司2008年一季度的营业利润。预期该变量符号为正。

2）捐款时间：衡量企业社会责任履行质量的另一代理变量。以公司董事会在证券监督管理委员会指定信息披露网站巨潮资讯网正式公布的捐款公告时间为基准，减去地震发生的日期，衡量企业捐款行为以及信息披露的速度。本书预期捐款时间变量的系数为负。捐款数量与捐款时间的交叉项，衡量捐款时间和捐款数量对资本市场认可程度的协同效应，预期该变量符号为负。

3）股权性质：本书按照控股股东的性质将上市公司分为国有企业和私有企业两种。其中，国有指被政府部门和国有企业（含国有独资和国有控股）控股的上市公司；私有企业指个人、外资和民营控股的上市公司。书中设置哑变量Soe来反映股权性质，并设置了股权与捐款比例的交叉项，以考察资本市场对国企和私企捐款数量认可程度的差异。

（3）控制变量。Scott S. Cowen（1980）以美国公众公司年报为研究样本，研究结果发现公司规模、所属行业与特定社会责任信息的披露显著相关；王立彦以环境敏感型上市公司为样本，研究结论表明企业社会责任信息披露存在显著的年度、地区和行业差异，资产规模、资本结构等因素也有显著影响；王雄元等（2008）考察了年报披露及时性的信号效应，研究发现信息不对称程度（MTB）、公司规模、每股收益、交易所等因素对年报披露的市场反映有影响显著。鉴于前人的研究，我们选取公司规模、公司所处行业、上市地点、财务业绩、信息不对称水平等变量作为本书的控制变量。公司所处行业、上市地点由于样本规模的限制，我们没有细分，而是设为哑变量。具体变量的解释见表6-1。

表6-1 变量设计

序号	变量	描述	定义
解释变量	Donate	捐款比率	捐款数量/2008年一季度营业利润
	Time	捐款公告时间	捐款公告日期 - 地震发生日期
	Cross	交叉项	捐款比率×捐款公告时间
	Soe①	控股股东性质	第一大股东是国有企业为1；否则为0
	Soe × Donate	交叉项	产权性质×捐款比例
控制变量	Place	上市地点	深市为1，沪市为0
	Ind	所在行业	制造业为1②；否则为0
	Infor	信息不对称程度	净资产市值/净资产账面值
	Eps	每股盈余	净利润与股本总数的比率
	Roa	总资产收益率	净利润/平均总资产
	Roe	净资产收益率	净利润/平均净资产
	Size	公司规模	=ln（总资产）

表6-2 主要变量的描述性统计

变量	Mean	Std. Dev.	Min	Max
Car	-0.0054	0.07473	-0.2138	0.372
Donate	0.3001	1.8444	0.0005	24.5254
Time	11.2054	6.9752	1	50
Cross	2.9983	18.3157	0.0019	245.254
Soe	0.3892	0.4889	0	1
Soe × Donate	0.0627	0.3045	0	3.9064
Eps	0.1199	0.1382	-0.02	1.14
Size	21.5192	1.1559	18.8059	29.5589

---

① Soe 变量与前文的 Pri 变量分类基础一致，只是表述方式不同。

② 鉴于样本分布特征，制造业公司数量较大，而其他行业公司较为分散，为了增加模型自由度，在此做了简化分类处理。

表6-3　主要变量的分组检验

变量	国企（72）		民企（113）		对比	
	均值	S. E	均值	S. E	t 值	P 值
Car	0.0041	0.0063	-0.0133	0.0045	-2.2948	0.0229
Donate	0.1611	0.0558	0.2062	0.0516	0.5744	0.5664
Time	12.75	0.8881	10.2301	0.6043	-2.4302	0.0161

表6-2列出了样本观测值的描述性统计。从中可以看出，被解释变量资本市场反映程度 Car 均值为负，可能是因为在2008年熊市背景下，资本市场整体状况不好；哑变量 Soe 均值约为0.39（小于0.5），表明从数量对比来看，捐款的民营企业数量更多。市场对民企捐款的反应占据主导；进一步分析见表6-3，从资本市场反映来看，国企捐款行为的 Car 值较大，且与民企的差异显著；从社会责任履行质量来看，民企捐款比例要高，但差异不显著；民企平均捐款时间更早，且统计上也比较显著。

此外，文章对变量进行了 Pearson 、Spearman 相关性分析，结果表明解释变量、控制变量和被解释变量的关系和符号与预期一致，且各因变量之间不存在严重的多重共线性问题。

3. 模型设计

以下模型用来检验本书的研究假设：

$$Car = \beta_0 + \beta_1 \times Soe + \beta_2 Time + \beta_3 Donate \times Time + \beta_4 \times Soe + \beta_5 Soe \times Donate +$$

$$\sum_{i=1}^{5} \beta_i \times Control$$

其中，Control 指模型的控制变量，主要包括 Size、Infor、Place 、Ind、Eps，用来控制公司规模、所在行业、上市地点、财务业绩以及等对公司捐赠行为的影响。

4. 数据来源

所需财务数据主要来自 CSMAR 数据库，对于部分缺失数据，笔者手工从巨潮资讯网搜集；对于因变量（公司是否捐款及捐款数额），从2008年年报中整理得来；文章的数据处理主要基于 Microsoft Excel 2007、STATA 10.0，其中描述性统计和回归分析主要基于 Stata 10.0 和 EViews。

三、实证分析

1. 基本回归及分析

表 6 - 4 是运用上述模型进行 OLS 回归的结果。从模型 1 可以看出解释变量 Donate、Cross 以及部分控制变量在 5% 水平或以上显著，反映捐款时间的变量 Time 虽然与预期符号不同，但是回归结果不显著，影响很小。说明仅仅捐款时间早，市场并不认可，万科遭遇 "捐款门" 也说明了这一点。即相对来讲，市场更看重企业捐款的数量，该模型整体拟合情况也不错（F 值在 5% 水平显著，R - squared 为 10% 左右）。模型 2 是对模型 1 进行了异方差调整（Stata 默认的异方差调整模式）后的回归结果（考虑到我们搜集的样本是截面数据，存在异方差的情况可能比较普遍），通过与模型 1 比较可以发现，解释变量 Donate、Cross 的回归系数、统计显著程度都没有发生较大改变，也说明捐款数量越多且捐款时间越早，市场认可度越高，验证了假设 1：一般来讲，资本市场对积极履行社会责任的企业更认可，即地震期间企业捐赠金额越大、捐赠时间越早，市场认可度越高。

表 6 - 4 主要模型回归结果

变量	模型 1	模型 2：异方差调整	模型 3：异方差调整
	系数 （t 值）	系数 （t 值）	系数 （t 值）
Constant	0.0858 (0.62)	0.0858 (0.68)	0.0858 (0.68)
Donate	0.0543 (2.69 ***)	0.0543 (2.69 ***)	0.0541 (2.71 ***)
Time	0.0007 (0.92)	0.0007 (0.83)	0.0006 (0.69)

变量	模型1	模型2：异方差调整	模型3：异方差调整
	系数 （t值）	系数 （t值）	系数 （t值）
Cross	-0.0046 （-2.05 **）	-0.0046 （-2.32 **）	-0.0059 （-3.32 ***）
Soe			0.0171 （1.31）
Soe × Donate			0.0286 （2.54 ***）
Indus	0.0119 （1.04）	0.0119 （1.07）	0.0156 （1.36）
Inf	-4.099 （-1.90 *）	-4.099 （-2.36 **）	-3.9459 （-2.22 **）
Place	-0.0209 （-1.92 *）	-0.0209 （-1.86 *）	-0.0215 （-1.92 *）
Eps	0.0812 （1.73 *）	0.0812 （1.94 **）	0.0834 （1.98 **）
Size	-0.0041 （-0.67）	-0.0041 （-0.75）	-1.38
R - squared		0.0824	0.1076
Adj R - squared	0.0407		
F - Value	1.98 （0.0520 *）	2.23 （0.0277 **）	6.20 （0.0000 ***）

注：为了减少异常值的影响，对所有连续变量值在 1% 和 99% 处采取缩尾（Winsorization）处理。***、**、* 分别表示在 1% 、5% 、10% 水平显著。

表 6 - 4 的模型 3 是在前述模型中加入了反映产权性质的变量 Soe 以及该变量与捐款数量的交叉项，以考察产权性质对资本市场认可度的影响。从回归结果看，加入了该变量后，无论是解释变量还是模型的整体拟合情况，都

有显著改善。其中交叉项 Soe × Donate 的系数显著为正（系数 0.0286，在 1%
水平显著），说明市场对国有企业和民营企业的捐款行为认可程度存在显著
差异，支持了假设 2：一般来说，市场对国有企业和民营企业的社会责任信
息披露行为认可程度不同。鉴于前文的分析，我们认为产权性质对市场认可
度的影响从根本上源自政府在资源配置中的主导作用，即行政力量对不同企
业经营的干预程度存在差异，下文对此展开深入探讨。

2. 进一步分析

（1）产权性质的影响。表 6 - 4 的模型 3 表明市场对国有企业的捐款行为
表现出更高的认可度，为了进一步探讨这种影响背后的原因，我们根据产权
性质的不同对样本进行分组回归。从表 6 - 5 的模型 4、模型 5 的回归结果
看，变量 Cross 结果显著（至少在 5% 水平显著）。表明无论国企还是民企，
只要捐款数额大且捐款时间早，资本市场都显著认可；但从具体回归系数来
比较，国企的市场反映程度更大（系数为 0.2528，而民企的回归系数
0.0656），说明资本市场对国有企业捐款行为认可度更高。对此我们从现阶段
我国企业履行社会责任背后的动机进行探讨。

表 6 - 5　分样本回归结果

变量	模型 4 (N = 72)		模型 5 (N = 113)	
	系数	t 值	系数	t 值
Constant	0.3870	2.22 **	0.1402	0.56
Donate	0.2528	2.64 ***	0.0656	3.67 ***
Time	0.0007	0.50	0.0019	1.23
Cross	− 0.0234	− 2.38 **	− 0.0231	− 2.66 ***
Soe				
Soe × Donate				
Ind	0.0402	2.47 **	0.0193	1.06
Inf	− 7.9585	− 2.22 **	− 0.7277	− 0.22
Place	− 0.0253	− 1.32	− 0.0364	− 1.78 *

续表

变量	模型 4 (N = 72)		模型 5 (N = 113)	
	系数	t 值	系数	t 值
Eps	0.1365	1.67 *	0.0192	0.28
Size	− 0.0172	− 2.28 **	− 0.0063	− 0.56
R − squared		0.2550		0.1284
Adj R − squared				
F − Value	7.87	0.0000 ***	2.46	0.0135 **

注：为了减少异常值的影响，对所有连续变量值在 1% 和 99% 处采取缩尾（Winsorization）处理。***、**、* 分别表示在 1%、5%、10% 水平显著。

所有权性质虽然代表了企业与政府的关系，但是这种关系的强弱程度存在一定的地区差异。我国自 20 世纪 70 年代开始了经济转轨过程，并采取了分权式财政改革模式，各地区由于资源禀赋、地理位置以及国家改革开放政策的不同，市场化进程也存在较大差异。根据于良春、余东华（2009）的研究得出的转型时期中国地区性行政垄断指数，我们以样本公司注册地的行政垄断指数为代理变量，刻画政府干预程度；并按照政府干预程度的不同，将样本分为两组，进行了分样本回归检验，结果见表 6 - 6。从模型 6 和模型 7 的结果来看，代表社会责任履行质量的变量 Donate、Cross 至少在 5% 水平显著，模型整体拟合情况也较好。但在表 6 - 6 的模型 6（政府干预程度较低组）中，表示产权性质的变量 Soe 不显著，而在表 6 - 6 模型 7（政府干预程度较高组）中，该变量在 10% 水平显著，说明在政府干预强的地区，市场并不看好民营企业的捐赠行为。因为在政府行政干预强的地区，市场化进程、产权保护等法律机制有待完善，这种制度环境不利于民营企业的生产经营。出于对不利境况的应对措施的考量，民营企业可能会通过积极捐款以寻求投资者、消费者、当地政府等利益相关者的认可，即在政府干预程度高的地区，民营企业捐款行为的背后蕴含着政治动因，这一点我们在前文也做过详细论述。资本市场可能会因此并不看好民营企业的捐款行为。此外，投资者不看好民营企业捐赠行为，可能也受到社会上近几年对民营企业家"原罪论"说法的影响，认为私营企业主捐赠是在进行"赎罪"，而并非纯粹做慈善。

表6-6　分样本回归结果

变量	模型6 low- (N = 85①)		模型7 high- (N = 100)	
	系数	t值	系数	t值
Constant	0.1402	0.56	0.2355	1.33
Donate	0.0656	3.67***	0.0993	2.42**
Time	0.0019	1.23	0.0007	0.57
Cross	-0.0231	-2.66***	-0.0089	-2.25**
Soe	0.0048	0.17	0.0271	1.68*
Soe × Donate	0.1584	1.30	0.0128	0.87
Ind	0.0193	1.06	0.0143	1.00
Inf	-0.7277	-0.22	-4.9001	-2.27**
Place	-0.0364	-1.78*	-0.0109	-0.86
Eps	0.0192	0.28	0.0776	1.41
Size	-0.0063	-0.56	-0.0121	-1.53
R-squared		0.1284		0.2141
Adj R-squared				
F-Value	2.46	0.0135**	9.85	0.0000***

注：为了减少异常值的影响，对所有连续变量值在1%和99%处采取缩尾（Winsorization）处理。***、**、*分别表示在1%、5%、10%水平显著。

（2）经济发展程度的影响。我国从1978年开始了从计划经济向市场经济的转轨过程，经过30多年的发展，市场机制在资源配置中的作用逐步增强。尤其是东部沿海地区，受益于我国的改革开放政策，该地区的民营经济发展更为迅速，地方经济发展对国有企业的依赖程度较低，即地方政府对发达地区国有企业的经营补贴较少。而在中西部地区，民营企业发展规模相对较小，国有企业因此成为地方经济发展的重要支柱，当地政府也因此对国有

---

① 政府干预程度较低组。

企业的经营援助较多。何问陶等（2009）验证了政府隐性金融干预对东、中、西部各省份的影响存在较大差异。本书因此认为，东部发达地区的国企，享受政府补贴相对较少，市场对这些公司的捐款行为及相关信息披露行为表现出更高的认可度。

　　为此，我们以国家经济改革研究基金会国民经济研究所发布的中国市场化进程研究报告《中国市场化指数》为基础，按照上市公司所在地的市场排名将研究样本分为两组分别进行检验。其中，第一类公司是市场化程度较高的地区①。同时，与已有研究不同，本书将中西部地区归为一类，主要是考虑到中部省份虽然具有优于西部地区的地理位置和资源优势，却较少享受国家的优惠政策，远不如部分西部地区享有的政策优惠力度大②。研究结果见表6－7的模型8和模型9。从中可以看出，上市公司的社会责任履行质量指标（Cross）对模型的解释程度都很显著（至少在5%水平显著），但对于注册地位于经济发达、市场化程度较高地区的上市公司，模型8中 Soe×Donate 的回归系数显著为正；相对比而言，从模型9可见 Soe×Donate 的回归系数虽然为正，但是不再显著。因为在经济发达地区，地方经济发展对国有上市公司的依赖程度低，这些地方的国企相应享受的政策性优惠也较少。资本市场就会更认同国有企业的公益捐助行为。说明资本市场对上市公司履行社会责任行为及相关信息披露行为的认可程度还受到经济发展程度的影响。

表6－7　市场化程度的影响

变量	模型8：发达 (N = 128)		模型9：不发达 (N = 57)	
	系数	t 值	系数	t 值
Constant	0.0469	0.30	0.4056	1.33
Donate	0.0789	0.69	0.0533	3.13 ***
Time	0.0016	1.63	0.0007	0.32

---

① 主要是排名前9位的东部地区，因为排名第10位、第11位的四川和重庆公司受地震影响较大。
② 国务院最近提出的开发中部六省、"中部崛起"的论述也证明了该观点。

变量	模型8：发达 （N = 128）		模型9：不发达 （N = 57）	
	系数	t 值	系数	t 值
Cross	− 0.0228	− 2.93 ***	− 0.0044	− 2.48 **
Soe	0.0082	0.46	0.0005	0.02
Soe × Donate	0.1689	2.08 **	0.1753	0.74
Ind	0.0242	1.57	− 0.0008	− 0.04
Inf	0.2571	0.13	− 9.2701	− 2.82 ***
Place	− 0.0154	− 1.16	− 0.0564	− 2.45 **
Eps	0.0143	0.33	0.1406	1.51
Size	− 0.0035	− 0.51	− 0.0171	− 1.26
R − squared		0.1280		0.06891
Adj R − squared				
F − Value	9.40	0.0000 ***	3.12	0.0041 ***

注：为了减少异常值的影响，对所有连续变量值在 1% 和 99% 处采取缩尾（Winsorization）处理。***、**、* 分别表示在 1%、5%、10% 水平显著。

四、稳健性检验

为了验证实证结论的稳健性，我们还进行了稳健性检验。表 6 – 8 是在前述回归基础上，将反映公司经营业绩的控制变量 Eps 依次替换为 Roa、Roe 等财务指标时的结果；从与表 6 – 4 模型 3 的回归结果比较来看，解释变量依旧显著，模型拟合情况也未发生显著改变，比较稳健地支持了本书提出的研究假设。

将 Eps 替换为 Roa 的分样本检验结果见表 6 – 8（表中只列出了解释变量的回归结果，其他控制变量则省略）。与表 6 – 7 相比，回归结果未发生显著改变（将 Eps 替换为 Roe 的结果也基本相同，所以省略了该部分回归结果）。分样本回归结果表明在市场化程度高、经济发达的地区，市场对国有企业的捐款行为认可度更高；而在经济不发达地区，则不存在这种现象。但总体来看，无论政府干预程度如何，资本市场对捐款数量大且捐款时间早的企业的认可程度都更高。

表 6 - 8　稳健性检验结果

变量	模型 3 * （N = 185） 系数 （t 值）	模型 3 ** （N = 185） 系数 （t 值）	发达地区 （N = 128） 系数 （t 值）	不发达地区 （N = 57） 系数 （t 值）
Donate	0.0717 （1.97 **）	0.0704 （1.93 **）	0.0823 （0.72）	0.0699 （1.96 **）
Time	0.0008 （0.77）	0.0007 （0.75）	0.0016 （1.63）	
Cross	- 0.0071 （ - 1.99 **）	- 0.0071 （ - 1.95 *）	- 0.0228 （ - 2.96 ***）	
Soe	0.0169 （1.33）	0.0174 （1.34）	0.0084 （0.47）	- 0.0061 （ - 0.20）
Soe × Donate1	0.0233 （4.36 ***）	0.0222 （4.05 ***）	0.1653 （2.03 **）	0.1359 （0.57）
Roe	0.4299 （2.66 ***）			
Roa	—	0.5994 （1.64 *）	0.1684 （0.38）	0.6104 （0.83）
R - squared	0.1295	0.1196	0.1277	0.3112
F - Value	7.44 （0.0000 ***）	6.62 （0.0000 ***）	9.41 （0.0000 ***）	1.64 （0.1253）

五、结论

本节基于有效市场理论和信号传递理论，对上市公司自愿披露捐款公告行为的市场反应进行了实证检验。研究表明，我国现行资本市场对企业的社会责任行为是认可的。具体结论有：①企业履行社会责任行为的质量越高，市场认可度也越高。②所有权性质（国有还是民营）影响市场认可度。具体来讲，市场更认可国有企业的捐助行为。③进一步分析发现，这种产权性质的影响源于政府干预程度的不同。在政府干预程度较高的地区，产权保护、法制健全程度较低，作为替代机制，民营企业寻求政府政治保护的动机越强。在我们的研究中表现为这些地区的民营捐款背后的政治动机较强，从而市场更认可国企的社会责任行为。另外，经济发展程度的地区差异也影响资本市场对上市公司履行社会责任行为及相关信息披露行为的认可程度。

第五节　本章小结

在本章，笔者先从理论上对企业捐赠行为的社会认同度进行了分析。首先，政府监管部门已经认识到企业社会责任的重要性，通过出台一系列政策为社会责任在我国的进一步发展打下良好的制度基础，并凭借自身在政治经济领域的绝对优势，将企业社会责任扩展到建设和谐社会的高度。其次，作为行为主体的上市公司，也通过积极发布内容翔实完整的社会责任报告向公众表明自己的态度。投资者则借助于"社会责任投资"手段，通过投资那些积极履行社会责任的公司，来引导资本市场的资源配置。消费者则以自己在卖方市场"上帝"的绝对权威，通过消费选择行为，表明了自己对企业履行社会责任的坚决支持。最后，社会公众作为不确定的大多数，通过网络媒体、社会舆论等有形无形的约束力量对企业的不负责任行为施加压力。万科领导人王石对"捐款门"事件的公开道歉，就是社会公众力量的最好体现。

接着，基于有效市场理论和信号传递理论，以地震捐款中单独发布"捐款公告"的 100 多家上市公司为样本，从资本市场投资者角度实证检验了我国 A 股市场投资者是否认同企业的捐赠行为。结果表明，从整体来看，投资者认可企业在地震捐款中的慈善行为。对于那些捐款数额巨大、捐款时间较早的企业，其股价的累计非正常收益率（CAR）显著较高。但是这种认可程度还受企业产权性质的影响。鉴于民营企业家捐赠行为及其随后的捐赠信息披露行为背后蕴含一定的政治动因，与国有企业相比，投资者对其认可度有所打折。进一步分析发现，产权性质的影响差异来源于政府干预程度的不同。在政府干预程度较高的地区，产权保护、法制健全程度较低，作为替代机制，民营企业寻求政府政治保护的动机越强。在本书的研究中表现为这些地区的民营企业捐款背后的政治动机越强，从而市场更认可国企的社会责任行为。另外，经济发展程度的地区差异也影响资本市场对上市公司履行社会责任行为及相关信息披露行为的认可程度。

总之，我们的研究表明，公益捐赠不仅是抽象的道德问题，而且有其十分复杂的社会、经济甚至是政治背景。

第七章　研究结论与启示

第一节　研究结论

赖特·米尔斯在《社会学想象力》中曾经指出:"只有当我们把社会现象置于历史和社会结构的交叉点上,我们才能更好地理解社会现象。"同样地,我们认为,转轨经济背景下的公益捐赠行为也不再是纯粹的道德问题,其背后隐含着十分复杂的社会、经济、文化甚至是政治背景。尤其是转型经济背景下的中国企业,其捐赠行为更是受到制度环境、政企关系等具有中国特色的情境因素的影响,有别于西方流行的慈善捐款。

具体而言,本书的研究结论主要可以表述为以下几个方面:

其一,笔者认为企业社会责任系统具有伦理和慈善内涵。社会责任的本质就是经济全球化背景下企业对自身经济行为的道德约束。而隐藏于企业经济性之后的社会性是企业需要承担社会责任的根源。以企业公民理论和利益相关者理论为基础的企业慈善责任,在我国转型经济背景下,更是被赋予了特殊的意义:慈善捐赠不仅具有缓解社会两极分化的宏观职能,在微观层面,它还是企业寻求政企关系、获得社会认可的现实选择。

其二,通过分析民营经济在我国转型制度下的生存现状,我国证券市场的发展状况以及我国政府对证券发行的制度安排,本书从理论上论证了"民营"的产权性质以及企业获取上市资格时间早晚等因素都体现了企业与政府的关系，从而为后文实证部分衡量企业政企关系的代理变量提供了理论依据。

其三，以汶川地震中"一捐成名"的日照钢铁为例，分析了日照钢铁捐款的背景是民营产权面临被国有企业吞并的威胁。董事长杜双华希望以大额捐赠为契机，引起公众和媒体对企业的关注。即当产权得不到应有的保护时，民营企业往往将慈善（捐赠）作为一种赢得社会认可、开展政府公关的手段。

其四，本书从地震捐赠和捐赠信息披露两方面对上市公司慈善捐赠的行为动因进行了实证检验。首先，验证了公益捐赠行为的背后蕴含的政治动因。以 2008 年汶川地震中实施捐赠的上市公司为样本，实证研究表明：①所有权性质（国有控股还是私营控股）显著影响企业的公益捐赠行为。具体来讲，在汶川地震中，私营企业更愿意捐款，且捐款的数额更大。②进一步分析发现，产权性质的这种影响源于产权保护和契约执行力度的差异。在政府干预程度较高的地区，契约执行力度弱，私营企业的产权得不到应有的保护，作为替代机制，私营企业主更愿意通过公益捐赠方式谋求和政府的关系，以寻求政府的保护。③上市时间对私营企业捐赠行为的影响显著，而对国有企业的影响不明显，从而证明了私营企业捐赠行为背后隐含的政治动因。其次，从信息披露的角度验证了企业捐赠行为背后的政治动因。研究表明：①捐赠数额显著影响企业的捐赠信息披露行为。一般来讲，捐赠数额越大，企业选择的信息披露方式越积极。②企业的政企关系影响捐赠信息披露行为的选择。政企关系弱的企业，选择的信息披露方式更积极。首先，我们以产权性质作为企业政企关系强弱的代理变量之一，认为私营企业比国有企业的政企关系弱。实证结果表明私营上市公司捐款越多，采取的信息披露方式越积极。而国有上市公司披露方式的选择则不受捐款数额影响。即国有企业实施捐赠后，对信息披露方式选择不如私营公司那么积极。其次，我们以上市时间的早晚作为企业政企关系的替代变量进行分样本检验，研究发现上市年限（Lage）对私营上市公司影响显著，而对国有公司的影响统计上不显著。因为私营上市公司上市年限越短，其政企关系越弱，从而更有动力积极披露自己的捐款信息。而国有上市公司对信息披露方式的选择却不受上市年限的影响。即私营上市公司信息披露行为背后蕴含着政治动因，这种动机是对我国经济转型时期产权保护不力现状的一种替代。

其五，我们分析了利益相关者对企业捐赠行为的认可情况。总体来说，政府监管部门、上市公司自身、资本市场投资者以及消费者、社会公众等利益相关者对汶川地震中企业的捐赠行为还是认可的。

另外，我们还对资本市场投资者的认可情况进行了实证检验。基于有效市场理论和信号传递理论，以地震捐款中单独发布"捐款公告"的将近200家上市公司为样本，从资本市场投资者角度实证检验了我国 A 股市场投资者是否认同企业的捐赠行为。结果表明，整体来看，投资者认可企业在汶川地震中的捐赠行为。对于那些捐款数额巨大、捐款时间较早的企业，其股价的累计异常收益率（CAR）显著较高。但是这种认可程度还受企业产权性质的影响。鉴于民营企业捐赠行为及其随后的捐赠信息披露行为背后蕴含一定的政治动因，所以与国有企业相比，投资者对其认可度有所打折。进一步分析发现，产权性质的影响差异来源于政府干预程度的不同。在政府干预程度较高的地区，产权保护、法制健全程度较低，作为替代机制，民营企业寻求政府政治保护的动机越强。在我们的问题中表现为这些地区的民营企业捐款背后的政治动机越强，市场越认可国企的社会责任行为。

综上所述，本书的研究结论可以归纳为：在我国市场机制不完善、法制不健全、外部环境对组织经营的影响尤其重要的背景下，私营上市企业作为经济实体，一方面具有内在动机寻求自身经济利益；另一方面，作为嵌入社会与政治环境中的社会有机体，其在追求自身利益的同时也不能忽视外部利益相关者的权利诉求。具体表现为汶川地震的特殊时期，我国企业捐赠行为以及相应的捐赠信息披露行为背后蕴含的政治动因，这种动因源于我国经济转型时期的特殊制度背景，说明慈善捐款不仅是企业赢得公众好感、提升品牌形象的营销手段，同时也是企业获得政府认可，满足政府期待，用于建立、维护和巩固政治关联，进一步获得政府支持的有效手段。但是，资本市场投资者对这种"有所企图"的慈善行为并非都认可，反映了转型经济时期慈善捐赠行为及其心理的多元形态。

第二节 研究启示：如何完善我国企业慈善行为

在对汶川地震中我国企业（主要是上市公司）的捐赠行为以及捐赠后的信息披露行为进行系统研究的基础上，本书在本部分关注如何完善我国企业的慈善行为，并通过可行的制度设计以及管制，将其引向可持续发展的道路。

一、中国特色的慈善行为分析

本书试图认识我国企业的慈善行为现状，并基于中国情境对我国特有的慈善行为予以解释。笔者在这里探讨企业的慈善行为，从法律角度讲，企业作为依法成立的法人组织，具备承担民事责任的能力。但是归根结底，企业行为是拥有企业控制权的企业家的行为方式的体现，因此，研究企业的行为，就是研究企业家的价值观以及相应行为。

冯友兰先生认为，人类做事的意义是客观存在的，有功利的意义，有道德的意义，有天地的意义。但是人们觉解的程度是不同的，觉解了，就处于觉悟状态；不觉解，就处于"无明状态"。人生的意义各不相同，人生的境界也就各不相同，由低级到高级，可以划分为四个等级：自然境界、功利境界、道德境界和天地境界。

最低的是自然境界。这种境界的人并无觉解，或不甚觉解，他所做的事，对于他就没有意义，或很少意义。往上是功利境界。这种境界的人觉解到功利的意义，也就是利己的意义。这种人心目中只有他自己，他做事，完全出于利己的动机。再往上是道德境界。这种境界的人心目中有社会整体，觉解到道德的意义，自觉地为社会的利益做事，是真正有道德的人，是贤人。最高的是天地境界，也叫哲学境界。这种境界的人心目中有宇宙这个更大的整体，觉解到宇宙的利益，自觉地为宇宙的利益做事，这样，他就与宇宙同为一体，具有超道德价值，谓之圣人，达到了作为人的最高成就。

冯仑将现阶段我国企业家的慈善行为动因归结为以下几种：第一，"寻租"补偿动因。例如，政府给企业一个优惠政策，让企业赚了5000万元，为了表示对当地政府的感谢，企业会捐款办一所学校。第二，感恩动因，这符合国人的传统，过去在穷的时候受到众乡邻的照顾和帮助，现在有能力了回过头来用捐款的方式表示感恩、还愿。第三，建立现代开放社会下的公民社会组织，即现代 NGO。通过组织创新和公益基金方式，通过良性治理提高组织效率，推动公益事业的可持续发展。无疑，第三种方式的境界就会高些。

中国经济转型时期"混合经济"的制度特征决定了市场和国家行政手段同时影响着企业的行为。在企业社会责任领域，表现出了独有的中国特色。

1. 现阶段我国企业的慈善行为出现异化

在市场经济条件下，激烈的竞争和资源配置的不平衡，必然让一部分人先富起来。倡导先富起来的人兴办慈善事业、捐助慈善事业、扶贫济困，旨在让这些人树立起乐善好施的良好社会形象，赢得广大社会公众尤其是困难群体的尊重和理解，化解贫困群体的怨愤情绪和不平心理，减少针对富裕阶层的报复犯罪行为和不稳定因素。

但是，在政府力量介入市场竞争后，政府干预的力量是强大的。最明显地表现为政府凭借手中管理权，强制企业和人员进行捐赠，即来自官方的捐款摊派。例如，近日《中国青年报》报道某市《关于在市级单位开展"助力五水共治"捐款活动的通知》，在红头文件中写着"捐款原则上参考以下标准：正厅级8000元、副厅级7000元……请各单位于1月13日完成认捐工作"，落款为中共××市委办公室。而该市水环境整治办工作人员解释称"捐款金额只是参考标准，并没有强行规定"。也许该地发此红头文件是为了让领导干部带头捐款，这个出发点是好的，起码有干部带头捐款，会产生强大的号召力，会让捐款任务顺利完成。但是采用印发红头文件的方式硬拉领导干部捐款似乎有不近人情之处，或会引来人们的非议，让人们误以为领导干部带头也是在执行命令，不是出于自愿，可能会起到适得其反的作用。

此外，还有来自网络舆论的"逼捐"行为。通常表现为在网络或者传统媒体上按照捐款数额多少列出"捐款排行榜",然后揪出其中的"铁公鸡",进行暴风骤雨般的谴责和辱骂。例如,2008年汶川地震时引起关注的胡润慈善榜。调研报告以上榜民营企业捐赠为主,企业家个人名义的现金捐款归属于所在企业名下。无疑,捐款排行榜公布的效应,对于积极捐赠的企业家来讲,是种表扬和鼓励,但是对于没有捐赠的企业,无疑是很大的压力。例如一份"国际铁公鸡"排行榜的出炉引发了一场"骚动"。其中"诺基亚芬兰"(手机)、"肯德基美国"(快餐连锁)、"可口可乐美国"(饮料)排名前三位,并被国人呼吁抵制,甚至这些跨国公司遭遇了国人空前的信任危机。

借助于网络、电台、报纸等媒体的强大宣传效应,在宣传报道甚至表彰企业善行的同时,无形中就给那些还没有来得及有所表示的企业造成了压力。这样就可能歪曲了慈善的本意,甚至鼓励企业主将慈善捐赠作为炫耀的资本。他们的高姿态以及捐款数额甚至给社会公众提供了预期,一旦捐款数额未达到预期,那么即使有心做善事的企业也要被舆论谴责。一些民营企业主为了增加和政府谈判的筹码,进行"寻租"活动,将公益行为作为一种策略和工具,从而偏离了公益行为最初所倡导的"帮助他人,不求回报"的理念。

此外,政府高度介入慈善捐赠市场的结果是改变了慈善捐赠的自发性和自愿性。在西方,对于企业履行社会责任有很大监督和推动作用的非政府组织(NGO)在中国也出现了异化现象。我国目前还没有真正意义上的非政府组织。目前国内慈善领域有名的组织如红十字会、中华慈善总会、中国宋庆龄基金会等,都是由政府建立和控制的。为此,西方的研究者把中国的"非政府组织"戏称为"政府组织的非政府组织"(张建君,2013)。这些组织依托其政治背景和政府支持,经常能够比较容易获得商业组织的捐款。

企业捐款也常常出于被迫而非自愿。随着"索捐"压力不断加大,捐款数字呈现几何级增长,如果每笔捐款都能落实,对灾区民众而言,无疑是好消息。但个别企业喊出的捐款数字其实是在"放卫星",其这么做或者缘于外在压力,别人都认捐了,自己不有所表示似乎很难过关;或者是为了哗众取宠,博得媒体公众的赞誉。由于承诺捐赠的数额超出企业实际承受能力,导致最终无法兑现捐款,"赖捐"这一怪象在我国企业时有发生,捐款为了出名这一逻辑大大偏离了乐于助人的慈善本意。

2. 现阶段我国企业的慈善行为缺乏制度规范

我国企业慈善行为缺乏制度化与规范化，最为明显的表现就是企业缺乏有关慈善捐赠的制度规定，对企业年度慈善行为缺少规划。同时，媒体以及社会对慈善捐赠的关注度不够，往往是在某地区突然遭遇了巨大的自然灾害后，慈善捐款活动才会活跃一段时间。但是媒体的报道、公众的关注也就仅仅持续那么几天，事件一过，民众的捐赠热情很快又消失了。似乎没有洪水、地震等意外灾祸的催化，公众的捐赠热情不足以调动。

我国的慈善行为缺乏制度化与规范化还表现在社会服务层面，缺乏便捷的、有组织的慈善捐赠服务。即便部分民众想要捐赠，也苦于找不到合适便捷的途径。例如，城市居民经常有这样的感慨：自己家里的旧图书，孩子穿过的旧衣物，当做废品扔了觉得可惜，毕竟还有一定的再利用价值。想着如果把旧图书提供给贫困地区的孩子做课外读物，不仅可以解决贫困地区教育经费不足的问题，并且旧图书的阅读价值一点儿也不会打折扣。废旧衣物，尤其是城市的独生子女家庭，很多衣物没有穿破，甚至还很好，觉得捐给需要的人，也是挺有意义的事情。但是根据笔者个人的经验，社区似乎还没有设置旧衣物回收站，没有专人负责管理这类事情，由于缺少便捷的捐赠途径，这些废旧衣物以及图书可能都当做废品给丢弃了。这极大地打击了公众参与慈善的积极性。

在企业层面，慈善捐赠以及更广义的社会责任活动，缺乏制度化和规范化。首先表现为慈善捐赠等公益活动并没有被决策层纳入年度计划和议事日程。企业往往会制订年度财务计划以及年度的采购计划、用人计划，但是很少制订年度捐赠计划。因为没有被纳入计划，所以做这些事情的资金以及人力就难以保障。通常只有在政府红头文件的威压以及民众的期待下，企业才会紧急召开临时董事会会议，决议捐款事项。因此，在公司治理层面缺乏对于捐赠事项以及捐赠数额的合理化制度规定。更有甚者，未经过董事会决议，董事长一人就可以决定捐赠的数额以及捐赠的方式。

当然，这么做的好处是办事效率高，迎合了特殊时期的需求。巨大自然灾害属于突发事件，紧急援救刻不容缓，需要企业尽快拿出方案救民众于水火。这种做法在当时可能获得公众的好感，但是也暴露了我国企业公司治理不完善的现状。例如汶川地震发生当日，万科集团总部决定捐款人民币200万元。从捐赠时间来看，万科集团的决策效率还是较高的。但是这一消息公布后，一些网友对捐款数额很不以为然，认为和万科行业龙头的形象不相称。说明公众对企业是否捐赠的行为，甚至对企业的捐赠数额还是有预期的，这无疑也对企业形成了压力。

随后万科集团董事长王石在其博客中称："对捐出款项超过1000万元的企业，我当然表示敬佩。但作为董事长，我认为：万科捐出的200万元是合适的。这不仅是董事会授权的最大单项捐款数额，即使授权大过这个金额，我仍认为200万元是个适当的数额。中国是个灾害频发的国家，赈灾慈善活动是个常态，企业的捐赠活动应该可持续，而不应成为负担。"其不合时宜的言论在网络上引起了轩然大波，甚至引发了万科"股价的地震"。王石言论中提到的"董事会授权的最大单项捐款数额"，反映了万科集团公司治理的一个侧面，即董事会进行捐赠决策时的有关制度规定。但是，并不是所有公司都有自己的针对捐赠决策的制度和程序。

3. 公益组织正遭遇公信力危机

"公信力"就是公众对慈善组织的信任度，决定了慈善组织能否募集到善款，可以说是慈善组织生存的灵魂。但是，一系列事件使得中国红十字会的公信力一度降到冰点。2011年6月，微博认证身份为"中国红十字会商业总经理"的郭美美在网上炫富，自曝"住大别墅，开玛莎拉蒂"。当事人的特殊身份引发网络对中国红十字会善款管理不当的质疑。网友推断："一个20岁的女孩如此奢侈，作为红十字会商业总经理，肯定滥用了红十字会的善款。"更严重的是，舆论的关注焦点由郭美美个人转向了中国红十字会的整体管理体系，进而波及我国所有的慈善组织，引爆了社会公众对我国慈善组织空前的不信任，即信任危机。

事实上，成立于1904年的中国红十字会，100多年来一直从事人道主义工作，此前一直是中国慈善事业的"领头羊"，在业界的信誉度很高。"郭美美炫富"事件丑化了慈善的形象，毁坏了慈善的信誉。对红十字会公信力的伤害最大，可以说是"三天毁掉一百年"！祸不单行，"美美"危机尚未平息，慈善丑闻接踵而来。9月1日，《南方周末》报道，河南宋庆龄基金会筹款金额连续两年全国第一，但公益开支与筹款能力反差巨大，涉及"善款放贷"、"善款投资"、"公益项目缩水"等问题。这一系列"丑闻"事件致使中国慈善组织的公信力跌到了冰点，也使得我国慈善事业举步维艰。

考虑到自己献爱心捐出的血汗钱不是被挥霍，就是被挪作他用，根本没有实现捐赠的初衷，公众的捐赠积极性深受打击，开始怀疑自己捐的钱到哪里去了。甚至部分有捐赠意向的企业组织或个人直接将善款捐给受助对象，而不再考虑通过 NGO 组织。公信力作为慈善机构多年苦心经营积累的口碑与信誉，因为一个丑闻就被彻底摧毁！因此，公众的信任是慈善组织的灵魂。

那么，深入来看，信任危机会产生哪些不良后果？根据中华基金会基金网监测数据，2011 年整体的慈善捐赠额比 2010 年减少了一半。下降的主要原因是来自公民、老百姓的捐赠明显减少。郭美美事件后，整个社会的公益捐赠额直线下降。此外，在 2011 年度中国慈善透明度的调查中，公众对慈善透明度的满意度仅为 8%。并且 80% 以上的网民表示不会再捐款给红十字会。无疑，遭遇公众信任危机，其直接后果就是导致捐款额的下降，募集不到慈善事业所需善款，慈善组织的存在就失去了意义。这也是中国慈善事业发展进程中面临的最大问题。但是，我们只有正视危机，并以此为契机，才能促进慈善组织的规范化管理、透明化运作，最终促进我国慈善事业的发展。

二、如何推进我国慈善事业可持续发展

随着企业社会责任的发展，有必要从现实制度环境出发深入研究合理的社会主体行为规范，以避免社会中个体理性与社会理性的严重背离。由于人与人之间关系的复杂化与多元化，纯粹依靠市场竞争和价格机制无法保证社会的长远利益的实现；同样地，由于个人偏好的复杂性，纯粹依靠政府也无法实现个体理性向社会群体理性的转变。社会的健康运行很大程度上需要依

靠各个组织的自我约束、自我改进和自我调整，依靠每一个组织的利益相关方的相互作用、相互激励与相互约束。

因此，通过有效的制度和机制安排，可以将企业行为导向能够增进社会福利的方向，实现企业行为的正外部性。这不但要建立市场竞争机制以及确保市场竞争有效的企业与社会的合作机制，而且应积极探索意识形态道德共识等更多的社会合作机制。此外，为保证高质量的利益相关方关系成为企业行为增进社会福利的重要路径，还需要推动企业与利益相关方建立起有利于促进社会价值创造的合作机制。

1. 创新和改善政府管理

创新和改善政府管理，为慈善事业的发展营造健康的外部环境。中共十八届三中全会通过的《中共中央关于全面深化改革若干重大问题的决定》提出进一步简政放权，深化行政审批制度改革，最大限度减少中央政府对微观事务的管理。

总的来讲，政府改革的方向体现在以下方面：一是理顺政府与市场的关系，明确政府和市场的作用领域和各自的边界。凡是市场机制能有效调节的经济活动，一律取消审批；进行行政管理体制改革，将那些本不应由政府承担的工作交给社会，将那些大量的本应由政府承担而政府没有承担的工作接过来，同时对保留的行政审批事项要规范管理、提高效率。二是减少行政审批。政府过多的行政审批，严重影响市场经济的潜能和效率的发挥。三是减少对微观经济的干预。

此外，决定指出政府改革不仅要减少和下放权力，还要创新和改善政府管理，加大对市场的监管。政府的工作重点应转到提供公平竞争的市场环境上来，转到维护社会公平正义上来，转到建设公共服务型政府上来。同时，政府应当在纳税人的监督下，改善政府自身的管理，杜绝浪费，做到低成本、高效率地为公众提供服务。在慈善领域，政府能做的就是尽快推行市场化运作，减少政府对慈善事务的干预和过度管理。

2. 完善市场经济制度，尊重产权

鉴于正式制度层面的法律法规以及非制度层面的政企关系对企业生产经

营的重大影响，在我国转型经济背景下，政府应尊重市场规律，缩小对企业的审批管制范围，逐步退出本应由市场机制发挥作用的领域，为民营企业的生存发展营造健康积极的外部环境。其中，对产权的尊重与保护是市场经济发展的基础，也是发展我国慈善事业的重要前提。

首先，完善的市场经济制度可以为慈善行为提供制度保障。与其他已知的社会制度相比，市场经济制度在促进社会道德方面表现得更为有效。《十八届三中全会决定》把政府与市场关系描述为"使市场在资源配置中起决定性作用，更好发挥政府作用"，明确指出市场与政府的作用范围和作用边界。在要素流动和资源配置方面市场必须起决定性作用，而政府的作用主要限定在公共领域或市场环境方面。政府和市场的边界就是，凡是市场机制能够充分调动生产要素积极性、能够实现资源有效配置的领域，就不需要政府出面进行指导；仅仅在市场失灵或市场机制不能有效发挥作用的地方，才需要政府出面加以指引。

市场经济如何能够鼓励道德，激励慈善行为，其作用机理是什么？本书需要分析市场经济制度的本质以及产权、竞争等市场机制的作用方式。我们认为市场经济的本质不仅是追逐利润最大化，而且鼓励组织内的个体采取合法正当的方式追逐自身利益，即市场是自由、自愿意志的体现。当然，这种自由是以法治为限度的，即市场经济制度倡导法治。同时，产权则是市场经济制度的核心，慈善并不是对产权制度的否定，产权制度正是慈善事业的制度基础。因为只有清晰界定了某物是"你"的，你的捐赠才有意义，才能称之为慈善行为。在产权不清的状态下，捐赠似乎有借花献佛的嫌疑，其意义无疑大打折扣。捐赠之所以被人们赞美，是因为捐赠者让渡了自己对某物的所有权，是一种有利于他人的无私行为。而"道德"是自由选择的产物，也是个人责任的产物，正是产权制度为我们提供了主动选择慈善或选择资产其他用途的可能。也只有面对选择，人们的无偿捐助行为才能体现其道德的本质。

其次，完善的市场经济制度能为慈善捐赠等社会责任行为提供最大限度的激励。在健全完善的市场经济制度环境中，市场的竞争机制和价格机制才能发挥作用。我国的慈善市场也是如此。目前，我国有众多的慈善机构和公益组织。据统计，截至 2011 年底，全国共有社会组织 45 万多个，其中社团 24 万多个，民非组织 21 万多个，基金会近 2400 个。市场竞争也比较激烈。除了中国红十字会，其他大部分慈善组织是市场化运作。这些慈善机构面临激烈的竞争和公众媒体的监督，只有通过完善内部管理，提供便捷高效的捐款渠道以及符合捐助者意愿的资金去向等优质服务，才能赢得公众的信任，才能吸引更多的善款。而在市场经济制度发展不健全的地方，慈善机构的发展相对滞后。不仅慈善机构种类单一，缺乏有效的监督，可信度较低，善款往往被挪用甚至被贪污。更糟糕的是，一旦丑行败露，由于缺乏法治的约束，"慈善家"们还会借助国家暴力来压制舆论批评、逃避媒体监督。由此带来的负面影响使得想要行善的其他人也会望而却步。可见，如果市场体系被破坏了，人们自由交易的权力将被缩小，最终将引起社会道德的退化①！

在市场经济条件下，非政府组织是一种非常活跃的角色，可以做很多政府力所不能及的工作。一方面利用政府的行政干预和经济调控等手段，协调企业利益与社会利益；另一方面充分发挥舆论媒介和消费者协会、工会等社会群团组织的作用，形成多层次、多渠道的监督体系和制度安排，以促进企业承担企业社会责任。

3. 完善企业层面的公司治理

信息不对称是我国慈善事业发展的"瓶颈"之一。一方面，对于许多遭遇困难的社会公众而言，他们不知道除了政府救助之外，还有哪些慈善资源、慈善项目可以帮助自己；另一方面，对于很多慈善组织而言，他们拥有资金、人力和项目，由于信息不对称，难以发现和锁定要帮助的对象。可见，慈善信息公开透明是当务之急。其中，财务透明是慈善信息公开透明的核心。这一方面需要公益慈善组织建立健全内部治理制度，逐步推行决策、执行和监督分离的运行机制，建立规范公开的财务管理制度和捐赠款物使用的追踪、反馈机制和公示制度，完善基金会注册会计师审计制度，及时向社会公布捐

---

① 李子旸. "股神"行善启示录 [J]. 新青年，2006 (9).

赠款物的使用情况。推动慈善组织制定行业规则和行业标准，加强行业监督，形成自律机制。

另一方面，企业层面也应规范公司治理。首先，企业捐赠行为是本书重点研究领域，因此，笔者也关注企业治理层面对捐赠决策的系列制度规定。对于捐赠，决策授权可以分为一般授权和特殊授权，对于可以预期的自然灾害，董事会可以规定一个捐赠额度，作为常规救灾资金的来源。一旦受灾情况比较严重，常规捐赠没法满足灾情需求，就可以启动紧急程序，准予董事会甚至董事长在特殊时期审批超出常规数额的救助款。同时，在执行层面，必须派出专门的部门和人员对救灾资金的划拨使用进行管理。对于这部分经过特殊授权出去的款项，监督要到位。防止管理层借救灾名义侵占公司财产。

其次，要完善企业内部的监督体系，充分发挥党委会、职代会、工会"老三会"及股东会、董事会、监事会"新三会"的监督作用，对企业经营者进行经常性的监督，对不合格的企业经营者，根据有关程序，对其进行罢免和改选。

最后，关注公司治理的伦理内涵。这方面，一直走在公司治理实践前沿的美国公司的做法，可以为我们提供有益的借鉴。"安然事件"和"世通丑闻"之后，公司治理的伦理内涵引起了国际社会的广泛关注。同时，公司治理理念上的革新也带来了方法论上的相应改变。公司治理实践逐步融入非财务责任、伦理准则、利益相关者参与、可持续发展报告等理念。公司治理也因此转向了可持续发展导向的新治理模式：负责任的公司治理核心原则（Core Principles of Accountable Corporate Governance）。其中，公司的自我管制（Self - regulation）和间接管制（Meta - regulation）构成了新公司治理框架的两翼。

公司自我管制是对正式的政府监管方式的补充，其常见形式就是企业的行为准则。行为准则着重处理公司伦理、道德准则和人权、劳工、环境以及可持续发展等社会责任问题。20 世纪 90 年代，行为准则被跨国公司广泛采纳，尤其在政府管制力量较弱的发展中国家。公司自我管制的另一个趋势就是编制非财务报告。作为对一系列环境灾难的应对，非财务报告最初出现于

20 世纪 90 年代。现在非财务报告越来越多地涵盖了更多的公司政策方面。通过提供非财务报告，企业不仅可以告知公众本公司有关社会责任报告的执行政策，而且可以增加自身信息的透明度，更方便地与利益相关者建立沟通对话渠道。

公司的间接管制主要指养老基金、消费者合作组织、非营利组织等其他社团对公司的监督作用。这些组织通常考察公司治理的有关方面是否考虑了对社会责任指导原则、排名及实践来实施监督。如美国最大的机构投资者之一加州公共雇员退休系统（CalPERS），已经开始运用自己的代理权实施负责任的公司治理核心原则；美国最著名的公司治理指数之一——道琼斯可持续性指数（Dow – Jones Sustainability Indexes），在计量企业的社会绩效和环境绩效时，也开始密切关注公司治理标准。

总之，通过将社会责任的伦理理念融入公司治理，构建基于责任的新治理模式，是公司治理发展的趋势之一，也是社会责任实践发展的有益探索。

4. 完善管理，重塑公益组织的社会公信力

公信力从字面来看就是公众的信任，只有公众信任了，才乐意捐款。公信力无疑是慈善组织生存的灵魂。如何赢得社会公众的尊重和信任，重塑公益组织的公信力，要先明白信任的含义。

首先，信任是一种相互的作用力，只有信任别人才能得到别人的信任，自己如果不信任别人，怎能赢得别人的信任。因此信任是双方的互动与博弈，而不是任何一方的无条件付出。信任规则也同样适用于慈善行为，这就要求公益事业的双方：社会公众以及善款接收机构（各类慈善组织）之间有良好的沟通和理解。现实的情况是，社会公众由于数量众多，人员分散，与慈善机构形成信息不对称的局面。

无疑，各类慈善组织在这里是信息优势方，具体负责安排善款的使用。并且我国的一些慈善机构还属于官方性质，凭借其政府背景更容易赢取公众的信任。而社会公众则处于信息劣势，对于自己捐出去的款物，到底流向了哪些慈善项目、惠及了哪些人群，虽然很想弄清楚，可是鉴于信息不对称和成本考虑，却无法关注。在这种信息不对称情况下，完全凭借爱心以及对慈

善机构的信任，将自己辛苦赚来的血汗钱全权委托慈善机构运作，可以说社会公众是慈善活动中首先付出信任的一方。

那么，根据信任作用的规则，如果一方付出了信任，并没有得到另一方的积极回应，他们也许在这次博弈中失败了，但是却会使捐赠行为到此终止，而无法走上可持续发展的路径。反之，如果作为信息优势方的慈善机构能够以自己对善款的高效管理以及公开透明的资金使用信息作为回馈，即以自己的实际行动来履行公众的委托，积极回应公众的信任，那么可以增进双方的相互信任。对于捐赠者来说，在下一轮的博弈中，也就会愿意付出更大的信任，从而使得捐赠行为走上良性发展的轨道。

从慈善组织方来看，接受了社会公众的捐款，就该尽到受托责任，将善款运用到最需要的地方。但是，由于信息不透明，捐款人无法提供足够的监督，这就要求慈善组织的工作人员依靠个人自觉。而社会道德水平的普遍下降以及信息不对称提供的巨大利益诱惑使得慈善组织有时也会将手中善款挪作他用，甚至用于自身福利等。"郭美美事件"就是对我国红十字会执行能力的最大考验，被称作"三天毁掉一百年"！因此，解决捐赠方信息不对称的可行方法是慈善组织的积极作为，小心翼翼地维护公众的信任。

首先，搭建公开透明的信息平台。这方面，慈善事业比较发达的欧美国家的做法可以为我们提供借鉴。欧美国家要求所有慈善组织的信息、社会成员、具体慈善项目的运作都在指定网站上清晰地显示，善款使用的透明度非常高。我国很多慈善组织目前的情况是连网站都没有设立，更谈不上信息公开。这已经严重脱离信息时代的发展，所以也无法给公众提供了解捐款的途径。因此设立专业网站、指定专业人员负责维护捐赠信息的管理是搭建信息平台的第一步。在信息管理方面，需要清晰列示每一笔大额捐款的来源（考虑到小额捐款涉及人员多，信息管理工作量会较大）、每一笔捐款的去向（如用于哪个地区的哪个项目）。使捐款人通过这个平台可以清晰地看到善款的去向。只有看到自己的捐款发挥了应有的作用，才能赢得捐赠人的信任，才有下一次的捐款以及带动更多的人进行捐款。

其次，加强对善款资金使用的管理和监督。以中国红十字基金会为例，在内部，成立专门的监督委员会，委员可以专职，也可以考虑聘请社会外界的热心人士和专业人士等志愿者来做监督。制定合理完善的善款划拨流程以及善款使用的后续监督流程，只有借助程序化管理，才能保证监督的效果。

最后，还可以考虑慈善资金使用的现场监督，对项目进行后续的跟踪管理。因为红十字基金会的一些项目在四川灾区，这些项目需要长时间的现场调研，通过进行现场访谈或对现场数据的采集，对项目进展情况进行跟踪报道，捐款人可以及时了解工程进展发现问题也好尽快更正。只有这样深入现场的跟踪管理才是对捐款人的更好交代，也才能赢得捐款公众的信任。

设置慈善商店，搞好被捐物资的收集和转运。慈善商店一方面为很多人做慈善捐物搭建了平台，另一方面也为满足城乡贫困人口对一些物品的急需，开创了新的单元。为了使慈善工作在争取捐助资金的同时也能争取得到更多货物的捐助，应该提倡和支持慈善机构在各地兴办慈善商店，专门接受物资的捐助。一方面可以用最低廉的价格，卖给城市的穷人，另一方面可以经过加工整合转移到贫困地区，向困难人群捐助，让更多的城市人参与慈善事业，参与扶贫济困。

5. 营造健康积极的社会慈善氛围

慈善，是发自内心地对他人的同情和关怀。慈善是社会和谐的"润滑剂"和"稳定器"，也是衡量社会文明程度的一把尺子。慈善事业的发展，承载了人们向善向美、助人为乐的传统，也是城市文明进步的标志。对于困难群体，慈善是甘露；对于社会，慈善则是希望。

我们应该端正态度，树立正确的慈善观。以社会主义核心价值体系为指引，全面普及慈善文化，广泛传播慈善理念，公民、企业和社会组织的社会责任意识逐步增强，越来越多的公众、企业和社会组织参与慈善活动，慈善逐步成为社会风尚和人们的生活方式。

我们还要认识到慈善事业不一定就是富豪的事，并不富有的人，同样可以做出非凡的业绩。慈善事业，也不一定就是捐款的事。没有很多钱，一样可以做慈善家，只要我们把慈善之心当作一种道德境界来追求。在全社会提倡匿名捐款，引导正确的慈善风气。壹基金的发起人李连杰指出"爱心无大小，匿名捐款最好"。对此我们比较认同。捐款凭的是人们内在对弱小者的同情，当我们凭借自身的经济能力对他人进行帮助时，我们从未考虑过要求对方回报；再者，捐款数额凭个人经济能力，而不是日后向他人炫耀的资本。因此对于各类机构给出"捐款排行榜"的做法，不敢苟同。既然是捐款榜，那么捐款者的姓名、所在单位以及捐款数额等核心信息如要予以公布，甚至按照捐款数额多少进行排名，似乎是对捐赠者一种无声的奖励，无疑对于那些还未来得及捐款的形成一种压力。甚至导致出现"逼捐"这种畸形发展。

努力构建全民参与慈善的社会环境。慈善会等官方机构可以通过"去行政化"改革，彻底摘掉"官帽子"，厘清政府、社会和市场的关系，使政府回归到规划、扶持和监管的角色，推动建立"多元、平等、竞争"的慈善生态环境，各地的慈善会要善于搭建公益慈善理念传播和资源全要素撮合对接的平台。

规范我国企业的慈善行为。建议把慈善活动与企业文化建设结合起来。慈善事业是连接企业与社会的天然纽带，慈善是人性中美好情感的本能反应，企业鼓励员工参与慈善活动，就会自然而然地在企业与社会之间形成一种良性互动的黏合剂和社会人际关系的润滑剂。汶川地震中，仅从募捐数额来看，我们的确取得了巨大成果。但是做慈善仅有同情心是不够的，我们还需要在全社会倡导一种健康的慈善意识，这种慈善意识并不等于恩赐和怜悯，而是一种基于"平等、互助、博爱"的意识。

同时，还应将慈善理念融入企业的发展战略。企业如果能把公益捐赠和自身发展战略完美结合，进行捐赠的同时又实现了经济利益，而经济利益又可以为下一步的慈善活动提供物质基础。通过这种良性互动机制，最终实现慈善与经济的互惠、企业与社会的双赢。

可喜的是，自2011年起，旨在对我国城市慈善事业发展水平进行综合监测和科学评价的"中国城市公益慈善指数"，在民政部的倡导与推动下已经启动，至今已经开展三届。慈善指数指标体系以慈善理论为基础，充分考虑我国当前的国情特色，按照慈善规模、慈善结构、贡献、可持续性四个维度，根据社会捐赠、慈善组织、慈善项目、志愿服务、政府支持、慈善文化六个方面 30 个具体指标进行加权计算，综合考量各城市公益慈善事业发展状况，被形象地称为"城市爱心 GDP"。城市公益慈善指数的每一个数字背后都凝聚了各城市在开展慈善工作、发展慈善事业过程中所付出的艰辛和努力。

慈善事业是一个系统工程，涉及经济、人口、法律政策、社会文化环境、慈善组织发展、社会捐赠、志愿服务等方面。用量化的指标体系来衡量一座城市对困难群体的帮扶力度、市民对慈善捐赠和志愿服务的参与力度。可以说，"中国城市公益慈善指数"弥补了我国慈善事业统计数据的空白，开启了中国公益慈善事业进入可量化评估、管理的专业化新时代。"中国城市公益慈善指数"的发布，作为一面旗帜，在全社会树立了积极参与慈善的舆论导向。同时作为衡量城市公益慈善事业发展的指南和标准，必将为中国城市化进程注入一份善的指南、爱的力量。

总之，慈善事业要发展，必须建立一个认可慈善、赞许慈善的社会文化环境！

三、研究的局限性

由于研究主题和资料的限制以及本人知识、经验和能力的局限，本书存在以下不足：

其一，我国企业慈善捐赠的范围较大，涉及教育、卫生、医疗事业、突发灾害等方面。而本书的研究只是定位于汶川地震捐款的特定事件，具体的研究内容使得研究结论具有一定的局限性。另外，没有考虑慈善捐款是企业的持续行为还是偶尔为之，实证部分仅选取了 2008 年一年的数据，没有考虑企业其他方面的慈善捐赠行为是否也具有这样的政治动因；而单一地震捐款与各类捐款兼而有之的公司行为动因也可能有所不同，从而限制了本书研究结论的适用范围。

其二，本书论证了没有政企关系的企业在汶川地震中会积极捐款，并且在捐款后更愿意采取积极方式披露有关的捐赠信息。并以产权性质和企业上市时间的早晚作为衡量企业政企关系强弱的代理变量，难免具有误差。因为在我国资本市场，审批制的存在形成了壳资源，并且部分民营企业是通过买壳上市的。而壳公司是早先上市的国企，这样就导致了对上市年限的计量不太准确。因此在样本选取中应考虑买壳上市情况对上市年限这个代理变量产生的干扰。此外，已有文献通过考察企业领导人（董事会成员、管理层）是否当选人大代表和政协委员、公司董事会成员的政治背景来衡量企业的政企关系。相对本书的选择而言，后一个衡量方式比较直接。本书对政企关系的衡量虽然具有一定的创新性，但是刻画得比较粗糙。考虑在后续研究中纳入该变量作为一种稳健检验。

其三，本书实证部分基于投资者视角研究发布单独捐款公告的上市公司的市场反应。对于这部分公司，我们选取了捐款公告发布前后三天时间作为事件的窗口期。这样做虽然保证了窗口期的干净，避免了更长窗口期内其他事件对捐赠信息披露市场反应的冲击，保证了研究结论的可靠性，但是也带来了一些问题。首先是样本数量的急剧减少，提供捐赠信息的上市公司本来有 900 多家，其中只有 200 多家公司选择捐款公告方式披露信息，还有很大一部分公司（339 家）选择与 2008 年年报同时报出完整的社会责任报告，对于这部分公司信息披露的市场反应，本书没有考虑。这无疑在一定程度上影响本书研究结论的完整性。

其四，本书论证了没有政企关系的企业在汶川地震中会积极捐款，并且在捐款后更愿意采取积极方式披露有关的捐赠信息。并在最后部分从投资者角度对捐款企业的社会认可程度进行了实证分析。结论是投资者未必看好上市公司出于政治动因的捐赠行为。而对于抱有政治动因的企业，其捐款后是否达到预期目标，例如产权得到保护、得到更多的政府采购订单、销售出去更多的产品，或者得到有关税收减免等政策优惠，文中没有涉及。鉴于数据的可得性，上述捐赠效应可能具有一定的滞后性，这些内容需借助之后一段时间的数据进行分析验证。

第八章　进一步讨论

根据本书的分析,可以看到在我国转型经济的制度背景下,企业的社会责任意识以及公益捐赠行为都表现出显著有别于西方企业的中国特色。这些特殊甚至被异化的行为却具有转型经济时期特有的时代烙印,进一步印证了本书的观点:公益捐赠不是纯粹的道德问题,其背后隐含着十分复杂的社会、经济、文化等时代背景。而捐赠行为背后的各种动因可以说是汶川地震特定时期我国企业捐赠行为的一个明显特征。当然,这种现象的存在具有一定的合理性,这种异象是对现阶段我国经济环境、法制环境甚至人文环境等一系列因素的全面反映。那么,以此为契机,如何将我国企业的捐赠行为甚至外延更为广泛的社会责任行为引向健康的、可持续发展的路径,值得我们深入考虑。

第一节　构建基于利益相关者合作共赢的社会责任行为模式

促进社会资源优化配置,为社会创造更大的财富,不仅体现了企业这个法律主体存在的价值,也是管理学界、经济学界所追求的理想状态。这种理念导向促进了学术的发展,我国近几年兴起的社会责任问题研究以及很早就被关注的公司治理问题研究,可以说都是对这种理念的实践探索。

公司治理的本意是通过完善的管理制度的设计,实现管理层与所有者的利益和权利均衡，保证企业利益的最大化。尤其关注企业内部的代理问题，认为代理会导致企业的内耗，最终损耗企业价值。但是现有文献对公司治理问题的探讨大多从股东权益保护出发，实务环节的相关制度规定也是围绕股东的利益展开，不仅造成了股东与其他利益相关者的对立，也加剧了股东和管理层的代理问题。强制性的制度规定也只是解决了代理问题的表象，各种规避现有管制制度的代理问题新形式却接踵而至，公司治理的手段也越发捉襟见肘，可见解决现代企业与生俱来的代理问题，在现有的公司治理框架内似乎难以实现。

与之不同的是，近几年在我国实践领域兴起的社会责任理论，则更重视股东之外的其他利益相关方的权益，强调企业的本质是协调利益相关者之间的利益均衡，实现利益相关者整体利益最大化。而企业社会责任理念的最初出现，曾经引发了理论界的"地震"。之后，关于企业是否应当承担社会责任，法学、社会学、经济学以及管理学等领域的学者们展开了激烈的争论，例如美国历史上著名的多德（Dodd）—贝利（Berle）之争。通过这些争论，折射出关于企业相关问题的基本论点：①企业与社会是对立的吗？②企业履行社会责任是否与其经济责任相矛盾？

今天看来，理论界和实务界对企业是否应该履行社会责任已经达成共识。进入21世纪，随着经济的日益发达，人们物质生活日渐丰富，同时也面临环境承载能力日益减弱导致的环境恶化问题，大气污染、水污染等与人们生活息息相关的问题经常见诸报端，雾霾天气取代了北方大部分地区冬季的明朗天空，甚至上了人大代表的提案，也引发了社会公众对企业社会责任话题的广泛关注。发展中国家的发展之路到底是以牺牲生态环境为代价换取经济发展，走先发展后治理的道路还是防患于未然，注重绿色发展，走可持续发展之路？毋庸置疑，后者是明智的选择。

总之，公司治理与企业社会责任理论基础的不协调导致现阶段两者在实务环节的失衡，公司治理实践尤其落后于社会责任的发展。对企业认识的差异导致现阶段公司治理和社会责任实践在各自领域的孤立发展。公司治理实务仍局限于如何激励管理层更好地服务股东利益或者如何加强对管理层的监督以降低代理成本。

　　要解决代理问题这种顽疾，实现企业的可持续发展，我们认为应该融合公司治理的强制手段与社会责任的柔性理念，用社会责任的利益相关方合作理念指导公司治理实践，将两者整合起来，也许是个有益的尝试。将公司治理与企业社会责任进行整合的具体思路如图 8 – 1 所示。

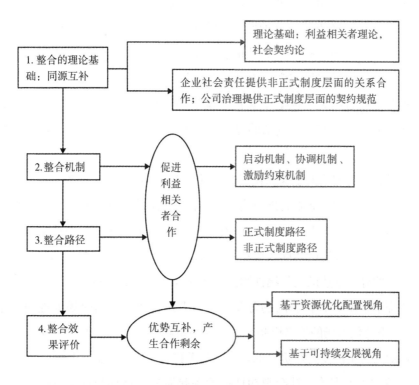

图 8 – 1　公司治理与企业社会责任的整合思路

一、同源互补奠定公司治理与企业社会责任整合的内在基础

1. 同源奠定了两者整合的基础

　　同源指公司治理与企业社会责任基于对企业社会性本质的认同，跳出了主流经济学股东利益至上的约束，都关注利益相关方权益的实现。对企业本

质的认识是公司治理和企业社会责任问题研究的基础和逻辑起点。企业本身是个历史的概念，是社会发展尤其是生产力发展到一定历史阶段的产物，因此人们对企业本质的探索也是随着人类社会实践的深入而不断演变的。

马克思（《资本论》）将企业的本质及演进过程看作是技术、协作、劳动力、资本、竞争和利润等基本经济条件变化的必然反映，是社会生产力和生产关系不断发展及相互作用的结果；阿尔钦和德姆塞茨认为企业本质上是一种"团队生产"的方式，这种方式能够获得一种额外的"合作收益"。Jensen和 Meckling（1976）指出"企业的本质是合约关系，不仅包括团队成员间的合约关系，还包括与供应商、消费者和贷款人等的合约关系，企业是使许多冲突的目标在合约关系框架中实现均衡的结合点"。陈宏辉（2003）认为企业是由不同个人之间一组复杂的显性契约和隐性契约的交汇所构成的一种法律实体。

利益相关者理论的出现深化了我们对企业本质的认识。作为对企业本质的探索，该理论认为"企业是既具有生产属性又具有交易属性的一组契约联合网络"（杜晶，2006）。具体来看，企业的生产属性是指企业将一系列分散资源集结在一起，利用资源的协同效应和企业组织专业化生产的优势向市场提供产品和服务；此外，企业的交易属性则侧重于企业生产过程中的人际关系。在企业生产过程中，需要对企业内的各要素所有者进行协调，而交易属性通过企业"权威"来替代市场的价格机制，表现为与市场不同的契约形式。可见对企业本质认识的历史演变背后贯穿的是人们对于利益相关方权益的重视。

利益相关者理论、社会契约理论的兴起为公司治理与社会责任在各自领域的发展提供了新的触角。利益相关者理论拓宽了公司治理的参与主体，将员工、客户、政府、社区等社会主体纳入利益相关者体系，另外，也拓宽了公司治理的作用范围。社会责任理论深刻认识到企业的社会性，以企业内外部的利益相关方为节点，赋予企业向外部空间扩展的触角，通过利益相关方契约的签订与执行，将孤立的企业个体编织进基于市场交易形成的利益相关者网络之中，从而将微观层面的企业行为提升到宏观经济可持续发展甚至构建和谐社会的高度。

2. 互补提供了两者整合的动力

互补指公司治理与企业社会责任作为管理学领域、经济学领域并行的两大体系，在服务于企业价值实现过程中，两者存在相互补充、相互促进的效用。

首先，在协调利益相关方关系方面。公司治理本质是"企业利益相关者之间利益冲突的协调机制，而公司治理安排的有效性取决于它是否能够动态地满足利益相关方多维度的平衡要求"（陈宏辉、贾生华，2005）；由此可见，公司治理通过一系列的制度安排、决策机制与组织设计，旨在为和谐处理利益相关方利益冲突提供正式制度层面的协调机制，是一种硬约束。侧重于从正式制度层面提供促进利益相关方合作的制度规范。

企业社会责任本质上是利益相关方合作机制（李伟阳、肖红军，2010）。企业社会责任旨在探求什么样的企业行为能够促进社会资源的更优配置，实现社会福利最大化。是基于关系的非制度层面的协调机制，对利益相关方行为形成一种软约束。

Polanyi（1957）指出，仅用市场规则来处理人和社会以及人与自然的关系，会带来毁灭性的后果。市场规则认为经济主体的行为标准是个体利益最大化，默认行为主体会采取机会主义的行为，甚至损人利己；而社会责任则认为经济主体也会基于合作的态度，采取一定的利他主义行为方式。因此在市场规则失效的领域，社会责任就应当成为一种引导和规范企业行为的规则，达到对市场规则的完善和补充。尤其当正式制度制定不完善时，社会责任的软约束功能越发强大。公司治理是正式制度层面的行为规范，但在公司运作过程中，制度和规则并不代表全部，作为世界能源巨头的安然公司，其内部制度建设不可谓不全面，安然失败的核心在于公司内部的价值观。因此通过两者整合，可以更好地实现企业价值。

其次，从作用范围来看，公司治理主要作用于企业个体，尤其注重企业内部正式制度的构建，旨在解决两权分离导致的代理问题对企业资源的损耗，最大限度地增加企业价值。总体来看，属于微观层面基于企业个体行为的协调机制。而企业社会责任的作用范围更为广泛，可以上升到宏观层面。企业社会责任作为一种负责任的行为方式，强调的是合作、诚信、利他、互利等特质，其背后是一种互利共赢、负责任、合作的理念和文化。社会责任主要提供对于契约不完全部分以及隐性契约情况下企业的行为规则。虽然主流经济理论没有给予社会环境、关系网络、道德习俗等非制度因素足够的重视，但是其对经济行为产生的影响却越来越大。有学者指出，"经济发展和企业竞争随着时代的进步越来越嵌入于它所指涉的社会文化环境，企业的本质是以经济行动的模式实现其文化价值的社会组织"。

二、利益相关者合作开拓了公司治理与企业社会责任整合的现实途径

利益相关者概念界定及边界：

Freeman（1984）提出利益相关者是指"那些能够影响企业目标实现，或者能够被企业实现目标的过程影响的任何个人和群体"。正式将社区、政府、环境保护主义者等利益实体纳入了利益相关者管理的研究范畴，也大大扩展了利益相关者的内涵。Clarkson（1994，1995）提出了两种分类方法，第一种是根据利益相关者在企业经营活动中承担的风险种类将利益相关者分为自愿利益相关者和非自愿利益相关者。自愿利益相关者是指在企业中主动进行物质资本或人力资本投资的个人或群体，他们自愿承担企业经营活动给自己带来的风险；非自愿利益相关者是指由于企业活动而被动地承担了风险的个人或群体。第二种是根据利益相关者与企业联系的紧密程度划分，将利益相关者分为首要利益相关者和次要利益相关者。其中首要利益相关者是指如果没有这些利益相关群体的连续参与，公司就不能维持经营，主要包括股东、债权人、员工、客户、供应商，政府；而次要利益相关者则是包括媒体或一些特定的利益集团，他们只是间接地影响企业的经营活动，但并不与企业交易，对企业的生存没有根本性的作用。

Peeler（1998）在前者的基础上加入了社会性维度，将所有的利益相关者分为四种，即首要的社会性利益相关者，包括客户、债权人、员工、当地

社区、供应商、其他商业合伙人等；次要的社会性利益相关者，指的是通过社会性活动与企业形成的间接联系，包括居民团体、相关企业、众多的利益集团等；首要的非社会利益相关者，即对企业有直接的影响但不与具体的人发生联系，包括自然环境、人类后代等；次要的非社会性利益相关者，即对企业有间接的影响，也不包括与人的联系，如非人物种等。

美国管理学家多纳德逊和邓非（Donaldson 和 Dunfee，1994，1995）将企业与其利益相关者之间所遵循的所有契约形式总称为综合性社会契约，进而将企业社会责任和企业利益相关者的利益要求统一起来。他们认为，企业对利益相关者的利益要求必须做出反应，这是因为"企业是社会系统中不可分割的一部分，是利益相关者显性契约和隐性契约的载体"。认为利益相关者包括投资者、债权人、员工、供应商、消费者、政府机构、社区甚至社会公众。

三、整合系统的运行机制设计

总体来看，促进利益相关方合作，进而创造出合作剩余价值是整合机制的核心。公司治理通过正式制度层面提供促进利益相关方合作的制度规范，而企业社会责任更擅长非正式制度层面的关系治理。两者相互补充，共同提供了整合系统中利益相关方合作的制度保障和关系保障。但是如何促使具有不同利益追求甚至存在利益冲突的理性个体实现合作，合作是否必然会产生合作剩余价值等一系列问题尚需进一步梳理。本书试图从以下方面构建公司治理与企业社会责任整合后系统的运行机制。

1. 信任提供利益相关方合作的原动力

信任作为企业社会责任的作用机制之一，提供了整合系统运行的原动力。我们在前文分析了利益相关方之间不仅有利益冲突和竞争，而且还有合作的需求。但是合作是否必然会产生合作剩余价值呢？"公地悲剧"现象否定了这一逻辑。公地悲剧的实质是合作各方仅着眼于自身利益进行的短视决策。无疑这种一般意义上的合作很有可能偏离我们的预期轨道，产生"搭便车"

等机会主义行为，由合作个体的理性选择最终导致集体行动的非理性这一悖论，也使得合作无法持续下去。

我们认为，只有基于信任的合作，才能超越集体行动的悖论，使个体的理性选择能够服从整体利益最大，将利益相关方的集体行动导向可持续发展的轨道。个体在决策时，由于客观上存在信息不对称，主观上对于参与团队的其他个体天生不信任，我们无疑面临着"囚徒困境"。由于两个囚徒无法信任对方会保守沉默，因此倾向于互相揭发，而不是同时沉默。虽然同为合作，基于信任基础的合作（两人都保持沉默）收益最大，而基于不信任的合作（共同揭发）结果只是次优。这无疑改变了人们之间的博弈规则，进而创造出超额合作收益，提供整合系统得以启动的原始动力。

因此，促进利益相关方之间的相互信任就很有必要。在短期或一次性博弈中，人们之间相互不信任是常态。而要促进人们之间相互信任，需要合理的引导。信任不能强求，你无法要求别人信任你，只能反求诸己，经营自己可信赖的行为。信任是双方互动，而不是任何一方的无条件付出。因此，在利益相关方博弈过程中，需要遵循"以己之诚，换取他人诚信"的原则。同样，信任还是一种心理预期。因此，借助于公司治理层面提供的完善健全的制度，整合系统可以提供稳定的收益预期，增进人们之间的信任。只有建立在信任的基础上，经历多次重复博弈的合作，才能实现合作的最优与合作的可持续性。

2. 信息披露提供合作的润滑剂

整合系统增进利益相关方之间基于相互信任的合作，还需要有效的信息沟通机制。合作需要大量的信息，而信息沟通的主要方式就是信息披露。借助于公司治理层面的强制性信息披露以及社会责任层面的自愿性信息披露，可以疏通包括股东在内的利益相关方之间的信息沟通渠道，提供合作的润滑剂。

在正式制度层面，强制性信息披露是公司治理的作用机制之一。证券监督管理委员会等监管机构借助强制性信息披露手段，目的在于公开企业的财务状况以及与财务有关的治理层、管理层决策信息，以此缩小管理层和中小股东、管理层与其他利益相关方之间的信息不对称,增进彼此的了解。

在社会责任的非制度层面,企业通过自愿性信息披露,借此达到和外部利益相关方沟通的目的。与强制性披露相比,自愿性信息披露的方式和内容比较灵活,更多反映公司某年度的社会责任活动。并且,该种披露方式在协调利益相关方关系方面,更具优势,即通过选择主动披露行为,企业希望向处于信息弱势方的外部利益相关者传递某种信号。该信号的基本含义如"我们公司本年度积极履行社会责任了",表明公司管理层对利益相关方权益的重视以及希望和利益相关方和谐共处的诚意。尤其是公益捐赠等社会责任高层次信息的披露,更容易塑造公司"负责任的企业公民"形象。这种信息披露效应之一就是培育消费者的品牌忠实度,也是员工、消费者最为认同的沟通方式之一。

四、整合系统与可持续发展

1. 整合系统的绩效衡量

从管理学角度看,管理的目的是促进企业的可持续发展。管理学对企业社会责任问题的研究主要探寻"什么样的企业行为能够推进企业与社会、自然环境的可持续发展"。其倡导理念是利益相关者共同治理,其核心是通过营造和谐的利益相关者之间的生产关系,实现整合系统的可持续发展和利益相关方的合作共赢。相对股东单边治理而言,利益相关者共同参与治理更有利于企业的长期发展,减少员工的偷懒行为和企业的激励监督成本,从而大大降低企业的交易成本和代理成本(杜晶,2006)。

无疑,整合系统的绩效衡量体系发生了根本变化。通过营造和谐生产关系,可有效缓解股东利益和其他利益相关方利益的矛盾。在管理过程中,融洽的契约关系可以缓解生产管理环节的内耗,最终提升管理效率。陈宏辉、贾生华(2005)指出公司治理的本质是企业利益相关者之间利益冲突的协调机制,而公司治理协调利益相关方冲突需要借助正式制度的强制约束力。但制度不是万能的,由于制定方对有关情况缺乏了解或者考虑欠缺,必将导致制度制定层面的不完善。再者，即便相关方花费很大精力完善制度，制度执行方也可能出于各自利益考虑，在缺乏明确规范的灰色地带，相互推诿责任。从而带来制度执行环节的代理成本以及制度实施过程的监督成本。因而正式制度层面的利益协调机制发挥作用的范围具有必然的局限性。

将公司治理与社会责任机制进行整合后，公司治理作为正式制度层面的契约执行机制就具备了和谐的实施环境。整合后系统基于对利益相关方权益的重视，营造了一种融洽的工作关系。具体表现为董事会在进行重大事项的决议以及管理层在日常管理时，和谐融洽的工作氛围能提高工作效率。管理层不仅为股东打工，还有了归属感和主人翁责任感。代理成本问题或许可以有效缓解。

另外，传统公司治理关注的代理问题将管理层置于股东的监督之下，而股东方的监督毕竟有限。尤其是来自中小股东的监督由于"搭便车"的问题更是大打折扣。将其他核心利益相关方纳入决策体系后，管理层受到的监督约束是多维度的，尤其是来自内部员工的监督。安然事件就暴露出注册会计师作为外部第三方的监督，约束力很有限，而内部员工参与日常经营，其对管理层的监督也更具有针对性和持久性。

李伟阳（2009）指出企业社会责任是一种新的资源配置机制，它能够与市场机制、政府调控机制和社会治理机制相并列。企业社会责任是企业基于内生的道德动力，通过坚守法律和道德底线与创建利益相关方合作机制，维护社会公平正义，激发与企业运营相关的各个社会主体创造综合价值的潜能与优势，促进市场机制、政府调控机制和社会治理机制的有效运作，弥补可能的"市场失灵"、"政府失灵"、"社会失灵"，实现社会资源的优化配置最大限度地创造社会福利。

2. 整合系统与可持续发展

可持续发展的概念，最先是在 1972 年斯德哥尔摩举行的联合国人类环境研讨会上正式提出。可持续发展是人类对工业文明进程反思的结果，是人类为了克服一系列环境、经济和社会问题，特别是全球性的环境污染和广泛的生态破坏以及它们之间关系失衡所做出的理性选择。可持续发展的核心思想是：人类应协调人口、资源、环境和发展之间的相互关系，在不损害他人和后代利益的前提下追求发展。可持续发展的目的是保证世界上所有国家、地区、个人拥有平等的发展机会，保证我们的子孙后代同样拥有发展的条件和机会。可持续发展理念要求我们认识到对自然、社会和子孙后代应负的责任，并有与之相应的道德水准，实现人与自然和谐相处。

李伟阳（2010）提出，企业是社会的一部分，内嵌于企业运行过程中的人与人的关系是社会"人与人关系的总和"的重要组成部分，这部分人与人的关系质量的高低直接关系着全社会的进步与和谐。可见，企业积极履行社会责任就是实践社会和谐发展的重要部分。

第五章的实证分析部分已经证明，传统的公司治理框架对公司的社会责任信息披露行为解释力有限。因为传统的公司治理机制关注董事会、股东会的职责分工与权力制衡，旨在解决传统的两权分离引发的代理冲突问题。那么，基于我国现有的公司治理框架，如何落实企业的社会责任？

例如，通过改革传统的以股东为本位的公司内部治理结构，在公司中做出有利于各利益相关方参与治理的制度安排，也就是让利益相关者能够参与公司治理。另外，要营造与企业社会责任相适应的外部治理环境，使市场既充分发挥其作为资源配置基本手段的功能，又尽可能地为企业社会责任提供适宜的生存空间，达到市场与企业社会责任在最大化各自作用基础上的和谐与均衡。

公司治理作为企业制定决策的"硬核心"，社会责任作为协调企业冲突的"软"工具，作为人际友好型的商业战略，在新环境下，两套曾经相互独立的机制出现了交叉和融合的趋势。一方面，社会责任理念为公司治理提供了新思路，使公司治理由旨在解决传统的代理冲突问题转向关注责任、商业伦理和信息披露等方面。公司治理成为公司商业活动中保障公共利益的框架和企业借以证明自己良好公民形象的工具。通过积极履行社会责任，公司据以优化与利益相关者之间的关系，从而降低企业的经营风险，最终提升企业价值。另一方面，社会责任也由纯粹的伦理道德层面扩展到关注商业判断、关注公司经济利益。由于公司治理反映了公司的自我认知意识和对利益相关者的长期承诺，社会责任导向下的社团组织也开始关注公司治理。

总之，基于利益相关方合作的公司治理与社会责任的共生互赢模式，融合了公司治理与企业社会责任两种协调机制的优势，必将增进企业发展与环境发展、社会发展的可持续性。

第二节　企业社会责任与公司发展战略的整合

什么是战略？从公司宏观管理的角度看，战略与企业目标相关联而且是支撑公司目标实现的基础，是企业积极应对组织环境的改变，最终实现组织目标的综合性计划，是管理者为实现企业价值最大化而进行的一种应对策略和选择。对于企业而言，如果没有明确的战略规划，很容易在激烈竞争的市场环境中迷失方向。而上升到战略管理高度审视企业的社会责任也是社会责任理论发展的趋势。

战略性企业社会责任指公司利用企业社会责任中的机会，谋求竞争优势的指导思想，例如通过投资于增强企业竞争力的行业，有利于促进企业与社会的价值共享，形成企业成功与社会进步相辅相成的共生关系。可见，战略性企业社会责任理论认为企业与社会具有共生关系，企业的经济功能与社会功能能够在履行社会责任的过程中得到融合，是将企业利益和社会利益有效结合的长效机制。

目前，国内外对社会责任战略层面的研究还处于起步阶段。Burke 和 Logsdon（1996）提出了实施战略性企业社会责任的"五维度"模型：考虑企业社会责任项目与企业使命和目标的一致性；企业社会责任项目的专用性；按环境趋势来规划社会责任行为的前瞻性；不受外部制约而自由决策的自愿性；赢得社会认可的可见性，从而对战略性社会责任的实施给予切实指导。Husted（2003）提出了企业社会责任治理模式的可行选择，认为公益捐赠以及与非营利组织的合作可以成为企业履行社会责任的有效方式。

Husted 和 Allen（2007a）进一步定义了战略性企业社会责任的四种能力：一是为企业的资源和资产组合设置一致目标的能力（一致性）；二是先于竞争对手获得战略性要素的能力（前瞻性）；三是通过顾客对企业行为的感知来建立声誉优势的能力（可见性）；四是确保企业创造的价值增值为企业所独占的能力（专用性）。通过与企业战略的有机融合，社会战略可以使企业获得成本节约优势和产品差异化优势，最终降低企业经营风险，提升企业价值。就成本优势而言，某些企业的社会表现有助于企业与其利益相关者建立相互信任的合作关系，而这种信任关系进一步使企业履行社会契约的成本下降，从而使企业获得成本优势（Jones，1995），赚取更大的利润空间。差异化优势可以通过与利益相关者的战略互动实现，例如，与利益相关者保持有效战略对话的企业，往往被认为更负责任、更具创造力，因而可以取得更好的品牌形象（Miles 等，2006），维系消费者对产品的忠诚度，最终增加销量。

最初关注企业战略性慈善行为的管理学文献是美国学者亨特（A. Hunt）于 1986 年发表的论文《策略性企业慈善行为》。该论文认为，企业的慈善行为实质上是企业承担某些社会责任，以改善企业竞争环境为导向的慈善行为，这种行为必然推动企业社会责任和经济目标由内在冲突走向相互兼容，从而给企业带来持续的竞争优势。

Craig（1994）提出了"新企业慈善行为"，认为社会责任不能仅局限在提供现金捐助上，而应对特定的社会公益事业和活动做出长期承诺。同时，应从"把社会责任看成是一种纯粹的义务"转变为同时支持企业目标的战略性活动。也就是认为企业的慈善行为乃至整个社会责任行为都需要提升到战略高度来支持企业的发展目标。

2002 年著名的战略管理专家波特提出了"战略性慈善行为"（Strategic Philanthropy），认为不是所有的慈善行为都会提升企业竞争力，只有当企业的慈善行为既具有良好的社会效益又具有经济效益时，慈善行为才能与经济目标兼容。他还提出著名的"竞争环境导向型慈善行为理论"（Context - focused Philanthropy Theory），指出企业可以通过开展慈善活动来改善竞争环境

（包括削减竞争障碍、赢得广泛支持），从而促进企业的长期繁荣与发展。

近年来，国内一些学者也开始从战略视角来审视企业社会责任。他们结合我国企业具体情况，进行了理论研究并借助实证研究方法，从市场数据层面获取相应的支持。徐超和陈继祥（2005）提出了战略性社会责任的概念，指出"能为企业带来利润的涉及社会责任的政策、项目或过程"，认为它能支持企业的核心业务，能够更有效地实现企业的使命。

跨国公司也将社会责任视为重要的企业文化，并赋予社会责任更深刻的内涵。杜培枫（2007）指出，进入 21 世纪后，跨国公司开始关注企业的公共形象，社会责任出现在公司的对外宣传、年报披露、广告创意等重要的战略行为中。

可见，对于慈善行为来讲，我们虽然赞赏企业不带任何功利目的的捐赠行为，但我们并不反对企业捐赠具有商业动机。企业如果能把公益捐赠和自身发展战略完美结合，创造一种积极的企业文化，形成良性互动机制，则可以赚取企业与社会的"双赢"。

正如蒙牛集团总裁牛根生所言："如果本着动机论，那么不为收益做捐助固然是一种高尚，但为了收益做捐助同样也是一种善举；如果本着效能论，那么捐赠背后无收益是一种竭泽而渔行为，而捐助背后有收益则是一种良性循环的公益，渔养并重。"他深刻指出了战略性捐赠行为的实质，通过捐赠救助了需要帮助的社会弱势群体，促进了社会和谐。同时，因为捐赠行为的选择有效结合了自身的经营目标，能够使企业有所回报，例如促进了销售的增长或者营造了积极的企业文化，留住了优秀员工等，使得这种捐赠模式具备了发展的物质基础，维持了捐赠行为的可持续性。

无疑，现代企业只有具备社会责任意识，自觉承担起慈善捐助的责任，才能为企业营造更大的生存和发展空间，不断提升企业的竞争力，最终实现企业的可持续发展。

参考文献

一、英文文献

[1] Adams, C. A. and Hill, W. - Y. and Roberts, C. B.. Corporate Social Reporting Practices in Western Europe: Legitimating Corporate Behavior [J]. British Accounting Review, 1998, 30 (1).

[2] Allen, F. J. Qian, and M. J. Qian. Law, Finance, and Economic Growth in China [J]. Journal of Financial Economics, 2005 (77).

[3] Amiram Gill. Corporate Governance as Social Responsibility: A Research Agenda [J]. Berkeley Journal of International Law, 2008 (5).

[4] Andrew, B. H. and Gul, F. A. and Guthrie, J. E and Teoh, H. Y.. A Note on Corporate Social Disclosure Practices in Developing Countries: The Case of Malaysia and Singapore [J]. British Accounting Review, 1989 (21).

[5] Archie, B. Carroll. The Pyramid of Corporate Social Responsibility: Toward the Moral Management of Organizational Stakeholders [J]. Business Horizons, 1991 (7).

[6] Becchett, I. Leonardo and DiGiacomo Stefania and Pinnacchio Damiano. Corporate Social Responsibility and Corporate Performance: Evidence from a Panel of U. S. Listed Companies [J]. Applied Economics, 2008, 40 (5).

[7] Bewley, K. and Li, Y.. Disclosure of Environmental Information by Canadian Manufacturing Companies: A Voluntary Disclosure Perspective [J]. Ad-

vances in Environmental Accounting and Management, 2000 (1).

[8] Boubakri, N., J. Cosset, and W. Saffar. Political Connections of Newly Privatized Firms [J]. Journal of Corporate Finance, 2008, 14 (5).

[9] Bowman, E. H. and Haire, M.. A Strategic Posture towards Corporate Social Responsibility [J]. California Management Review, 1975, 18 (2).

[10] Bowman, E. H.. Strategy, Annual Reports and Alchemy [J]. California Management Review, 1978 (Spring).

[11] Brammer, S. and Pavelin, S.. Building a Good Reputation [J]. European Management Journal, 2004, 22 (6).

[12] Brown, N. and Deegan, C.. The Public Disclosure of Environmental Performance Information—A Dual Test of Media Agenda Setting Theory and Legitimacy Theory [J]. Accounting and Business Research, 1998, 29 (1).

[13] Buhr, N.. Environmental Performance Legislation and Annual Report Disclosure: the Case of Acid Rain and Falconbridge [J]. Accounting, Auditing and Accountability Journal, 1998, 11 (2).

[14] Chen C., Z. Li, and X. Su.. Rent Seeking Incentives, Political Connections and Organization Structure: Empirical Evidence from Listed Family Firms in China [R]. Working Paper, The Chinese University of Hong Kong, 2005.

[15] Claessens, S., E. Feijen, and L. Laeven. Political Connections and Preferential Access to Finance: The Role of Campaign Contributions [J]. Journal of Financial Economics, 2008 (88).

[16] Cormier, D. and Gordon, I. M.. An Examination of Social and Environmental Reporting Strategies [J]. Accounting, Auditing and Accountability Journal, 2001, 14 (5).

[17] Corporate Governance "Reform" and the New Corporate Social Responsibility [EB/OL]. http://heinonline.org/HOL/LandingPage.

[18] Cowen and Scott S. Ferreri and Linda B. Paker and Lee D.. The Impact of Corporate Characteristics on Social Responsibility Disclosure: A Typology and

Frequency – based Analysis [J]. Accounting, Organizations & Society, 1987, 2 (12).

[19] Cull, R. and L. C. Xu. Institutions, Ownership, and Finance: The Determinants of Profit Reinvestment among Chinese Firms [J]. Journal of Financial Economics, 2005 (77).

[20] Dali Ma, William L. Parish. Tocquevile Moments: Charitable Contributions by Chinese Private Entrepreneurs [J]. Social Forces, 2006 (2).

[21] Day, K.. Guanxi – In Chinese Business, the Relationship is Everything [J]. Executive Action, 2003 (76).

[22] Deegan, C. and Gordon, B.. A Study of the Environmental Disclosure Practices of Australian Corporations [J]. Accounting and Business Research, 1996, 26 (3).

[23] Deegan, C. and Rankin, M. and Voght, P.. Firms' Disclosure Reactions to Major Social Incidents: Australian Evidence [J]. Accounting Forum, 2000, 24 (1).

[24] Deegan, C.. The Legitimising Effect of Social and Environmental Disclosures—A Theoretical Foundation [J]. Accounting, Auditing and Accountability Journal, 2002, 15 (3).

[25] Eng, L. L. and Mak, Y. T.. Corporate Governance and Voluntary Disclosure [J]. Journal of Accounting and Policy, 2003, 22 (4).

[26] Epstein, M. J. and M. Freedman. Social Disclosure and the Individual Investor [J]. Accounting, Auditing and Accountability Journal, 1994 (7).

[27] Faccio, M.. Politically Connected Firms [J]. American Economic Review, 2006 (96).

[28] Freedman, M., and Wasley, C.. The Association between Environmental Performance and Environmental Disclosure in Annual Reports and 10 Ks' [J]. Advances in Public Interest Accounting, 1990 (3).

[29] Froster, G. R., and Wilmshurst, T. D.. Corporate Environmental Re-

porting: A Test of Legitimacy Theory [J]. Accounting, Auditing & Accountability Journal, 2000, 13 (1).

[30] Global Reporting Initiative. Sustainability Reporting Guidelines Global Reporting Initiative GRI (2006) [EB/OL]. ttp: //: www. globalreporting. org, 2009 – 05 – 10.

[31] Gray, R. H. and Javad, M. and Power, D. M. and Sinclair, C. D. . Social and Environmental Disclosure and Corporate Characteristics: A Research Note and Extension [J]. Journal of Business Finance and Accounting, 2001, 28 (3/4).

[32] Hackston, David, Markus Milne, J. . Some Determinants of Social and Environmental Disclosures in New Zealand Companies [J]. Accounting, Auditing & Accountability Journal, 1996, 9 (1).

[33] Haniffa, R. M. and Cooke, T. E. . The Impact of Culture and Governance on Corporate Social Reporting [J]. Journal of Accounting and Public Policy, 2005, 24 (5) .

[34] Haniffa, R. M. , Cooke, T. E. . Culture, Corporate Governance and Disclosure in Malaysian Corporations [J]. ABACUS, 2002, 38 (3).

[35] Haniffa, R. M. and T. E. Cooke. The Impact of Culture and Governance on Corporate Social Reporting [J]. Journal of Accounting & Public Policy, 2005 (9).

[36] Hoffman, A. J. Institutional Evolution and Change: Environmentalism and the US Chemical Industry [J]. Academy of Management Journal, 1999, 42 (4).

[37] Hongbin Li. Why do Entrepreneurs Enter Pilitics? Evidence from China [R]. Working Paper, 2008.

[38] Hope, K. . Firm Level Disclosures and the Relative Roles of Culture and Legal Origin [J]. Journal of International Financial Management and Accounting, 2003, 14 (3).

[39] Hossain M. , Perera M. H. B. and Rahman A. R. . Voluntary Disclosure in the Annual Reports of New Zealand Companies [J]. Journal of International Financial Management & Accounting, 1995, 6 (1).

[40] Hughes, S. B. and Anderson, A. and Golden, S. . Corporate Environmental Disclosures: Are They Useful in Determining Environmental Performance? [J]. Journal of Accounting and Public Policy, 2001 (20).

[41] Hunt, A. . Strategic Philanthropy [J]. Across the Board, 1986 (7 - 8).

[42] Ingram, R. W. and Frazier, K. B. . Environmental Performance and Corporate Disclosure [J]. Journal of Accounting Research, 1980, 18 (2).

[43] John Elkington. Cannibals with Forks: The Triple Bottom Line of 21st Century Business [M]. Capstone, Oxford, 1997 .

[44] Joyce van der Laan Smith and Ajay Adhikari and Rasoul H. Tondkar. Exploring Differences in Social Disclosures Internationally: A Stakeholder Perspective [J]. Journal of Accounting and Public Policy, 2005, 24 (2).

[45] Jun Du and Sourafel Girma. Red Capitalists: Political Connections and the Growth and Survival of Start-up Companies in China [R]. Research Paper, 2007.

[46] Katharina Pistor, Chenggang Xu. Governing Stock Markets. In Transition Economies: Lessons from China [J]. American Law and Economics Review, 2005 (3).

[47] Kiang, Nelson. GUANXI (the Art of Relationships): Microsoft, China and Bill Gate's Plan to Win the Road Ahead [A]. Simon and Schuster, Inc 2006.

[48] LaPorta, R. , F. Lopez de Silanes, A. Shleifer, and R. W. Vishny. Law and Finance [J]. Journal of Political Economy, 1998.

[49] Li, H. , L. Meng, and J. Zhang. Why Do Entrepreneurs Enter Politics [J]. Economic Inquiry, 2006, 44 (3).

[50] Li, H. , L. Meng, Q. Wang, and L. Zhou. Political Connections, Fi-

nancing and Firm Performance: Evidence from Chinese Private Firms [J]. Journal of Development Economics, 2008 (87).

[51] Loren Brandt and Hongbin Li. Bank Discrimination in Transition Economies: Ideology, Information or Incentives? [R]. Working Paper, 2002.

[52] McMillan, J. and C. Woodruff. Interfirm Relationships and Informal Credit in Vietnam [J]. Quarterly Journal of Economics, 1999 (114).

[53] McMillan, J. and C. Woodruff. Disputes Prevention without Courts in Vietnam [J]. Journal of Law, Economics and Organization, 1999 (15).

[54] Morhardt J. Emil and Sarah Baird and Kelly Freeman. Scoring Corporate Environmental and Sustainability Reports Using GRI 2000, ISO14031 and Other Criteria [J]. Corporate Social Responsibility Environmental Management, 2002 (9).

[55] Nazli, A. Mohd Ghazali. Ownership Structure and Corporate Social Responsibility Disclosure: Some Malaysian Evidence [J]. Corporate Governance, 2007 (7).

[56] Neiheisel S. R.. Corporations Strategy and the Politics of Goodwill: A Political Analysis of Corporate Philanthropy in America [M]. New York: Peter Lang Publishing Inc. , 1994.

[57] Parsa, Sepideh and Leo. Capital Markets' Reaction to Social Information Announcements [J]. Journal of Accounting and Finance, 2008 (1).

[58] Patten, D. M.. Exposure, Legitimacy, and Social Disclosure [J]. Journal of Accounting and Public Policy, 1991, 10 (4).

[59] Patten, D. M.. Intra - industry Environmental Disclosures in Response to the Alaskan Oil Spill: a Note on Legitimacy Theory [J]. Accounting, Organizations and Society , 1992, 17 (5).

[60] Peter M. Clarkson and Yue Li and Gordon D. Richardson and Florin P. Vasvari. Revisiting the Relation between Environmental Performance and Environmental Disclosure: An Empirical Analysis [J]. Accounting, Organizations and So-

ciety, 2008, 33 (4 - 5).

[61] Preston Lee E. and O' Bannon Douglas P.. The Corporate Social – Financial Performance Relationship: A Typology and Analysis [J]. Business and Society, 1997, 36 (4).

[62] Qian, Y., and C. Xu. Why China's Economic Reforms Differ: The M – Form Hierarchy and Entry/Expansion of the Non – State Sector [J]. Economics of Transition, 1993 (1).

[63] Qian, Y., and G. Roland. Federalism and the Soft Budget Constraint [J]. American Economic Review, 1998 (88).

[64] Roberts, R. W.. Determinants of Corporate Social Responsibility Disclosure: An Application of Stakeholder Theory [J]. Accounting, Organisations and Society, 1992, 17 (6).

[65] Shleifer, A., and Vishny, R.. Politicians and Firms [J]. Quarterly Journal of Economics, 1994 (109).

[66] Shleifer, A., and Vishny, R.. The Grabbing Hand: Government Pathologies and Their Cures [M]. Cambridge, MA: Harvard University Press, 1998.

[67] Shleifer, A., Vishny, R.. A Survey of Corporate Governance [J]. Journal of Finance, 1997 (52).

[68] Simon S. Gao and Saeed Heravi and Jason Zezheng Xiao. Determinants of Corporate Social and Environmental Reporting in Hong Kong: a Research Note [J]. Accounting Forum, 2005, 29 (2).

[69] Stephen Brammer, Andrew Millington. Reputation and Philanthropy An Empirical Analysis [J]. Journal of Business Ethics, 2005 (6).

[70] Stephen P. Robbins & Mary Coultar. Management (Fifth Edition) [M]. Beijing: Prentice Hall, 清华大学出版社, 1996.

[71] Teoh, H. Y. and Thong, G.. Another Look at Corporate Social Responsibility and Reporting: An Empirical Study in a Developing Country [J]. Accounting, Organizations and Society, 1984, 9 (2).

[72] Tilt, C. A.. The Influence of External Pressure Groups on Corporate Social Disclosure, Some Empirical Evidence [J]. Accounting Auditing and Accountability Journal, 1994, 7 (4).

[73] Trotman, K. T. and Bradley, G. W.. Association between Social Responsibility Disclosure and Characteristics of Companies [J]. Accounting, Organizations and Society, 1981, 6 (4).

[74] Vyacheclav Dombrovsky. Do Political Connections Matter? Firm – level Evidence from Latvia [R]. Working Paper, 2008.

[75] Walden, W. D. and Schwartz, B. N.. Environmental Disclosures and Public Policy Pressure [J]. Journal of Accounting and Public Policy, 1997, 16 (2).

[76] Waller, David S. and Lanis and Roman. Corporate Social Responsibility (CSR) Disclosure of Advertising Agencies [J]. Journal of Advertising, 2009, 38 (1).

[77] Watts, R. and J. Zimmerman. Positive Accounting Theory [M]. Edgewood Cliffs, NJ: Prentice Hall, 1986.

[78] Yi Lu, Ivan P. L. Ping, and Zhigang Tao. Do Institutions not Matter in China? Evidence from Enterprise Level Productivity Growth [R]. Working Paper, 2008 (5).

[79] Friedman, Milton. Capitalism and Freedom [M]. Chicago: University of Chicago Press, 2002.

[80] Levitt, Theodore. The Danger of Social Responsibility [J]. Harvard Business Review, 1958 (2).

[81] Hayek, F. A. . The Corporation in a Democratic Society: In Whose Interest ought it and will it be Run? in Ansoff, H. I. (ed.) [M]. Business and Society, Harmon Worth, 1969.

[82] Rowley, Tim, and Berman, Shawn. A Brand New Brand of Corporate Social Performance [J]. Business and Society, 2000, 39 (4).

［83］Donaldson，T. & Duffe，T. W. Toward a Unified Conception of Business Ethics：Integrative Social Contracts Theory ［J］. Academy of Management Review，1994，19（2）.

［84］Donaldson，T. and L. E. Preston. The Stakeholder Theory of the Corporation：Concepts，Evidences，and Implications ［J］. Academy of Management Review，1995，20（1）.

二、中文文献

［1］阿奇·B. 卡罗尔，安·K. 巴尔霍尔茨. 企业与社会——伦理与利益相关者管理 ［M］. 黄煜平，李春玲等译. 北京：机械工业出版社，2004.

［2］陈家喜. 改革时期中国民营企业家的政治影响 ［D］. 复旦大学博士学位论文，2007.

［3］陈留彬. 企业社会责任研究 ［D］. 山东大学博士学位论文，2005.

［4］陈梅. 我国上市公司社会责任信息市场反应产生动因的研究 ［D］. 暨南大学硕士学位论文，2008.

［5］陈晓，李静. 地方政府财政行为在提升上市公司业绩中的作用探析 ［J］. 会计研究，2001（12）.

［6］陈晓，陈晓悦. A 股盈余报告的有用性研究 ［J］. 经济研究，1999（6）.

［7］陈永正. 企业社会责任的本质、形成条件及表现形式 ［J］. 云南师范大学学报，2005（3）.

［8］陈玉清，马丽丽. 我国上市公司社会责任会计信息市场反应实证分析 ［J］. 会计研究，2005（11）.

［9］池国华. 企业内部控制规范实施机制构建：战略导向与系统整合 ［J］. 会计研究，2009（9）.

［10］仇书勇. 论公司社会责任与公司外部治理的完善 ［J］. 北方工业大学学报，2003（4）.

[11] 邓建平，曾勇．政治关联能改善民营企业的经营绩效吗？［J］．中国工业经济，2009（2）．

[12] 董军．企业社会责任研究［D］．东南大学博士学位论文，2005．

[13] 樊纲，王小鲁．中国市场化指数［M］．北京：经济科学出版社，2006．

[14] 冯巧根．基于企业社会责任的管理会计框架重构［J］．会计研究，2009（8）．

[15] 冯天丽，井润田．制度环境与私营企业家政治联系意愿的实证研究［J］．管理世界，2009（8）．

[16] 国企参股七成 A 股上市公司　掌握八大行业经济命脉［N］．北京青年报，2008－08－27．

[17] 韩志国．中国资本市场的制度缺陷［J］．国际技术贸易市场信息，2001（2）．

[18] 何问陶，王松华．地方政府隐性金融干预与信贷配给区域分化［J］．财经理论与实践，2009（3）．

[19] 洪银兴，曹勇．经济体制转轨时期的地方政府功能［J］．经济研究，1996（5）．

[20] 胡旭阳．私营企业家的政治身份与私营企业的融资便利［J］．管理世界，2006（5）．

[21] 华正学．当前我国私营企业主政治参与的模式、特点及其效绩分析［J］．广州社会主义学院学报，2005（2）．

[22] 黄益建．会计信息治理功能研究：理论框架与中国证据［D］．西南财经大学博士学位论文，2008．

[23] 霍尔斯特·施泰恩曼，阿尔伯特·勒尔．企业伦理学基础［M］．李兆雄译．上海：上海社会科学院出版社，2001．

[24] 姜南扬．一个重大而理论的实践课题——谈非公有制经济及其代表人士［M］//张厚义，明立志．中国私营企业发展报告（1978～1998）．北京：社会科学文献出版社，1999．

［25］孔令军．转型时期中国企业社会责任研究［D］．吉林大学博士学位论文，2008.

［26］李宝梁．从超经济强制到关系性合意——对私营企业主政治参与的一种分析［J］．社会学研究，2001（1）.

［27］李路路．社会资本与私营企业家——中国社会结构转型的特殊动力［J］．社会学研究，1995（6）.

［28］李诗田．合法性、代理冲突与社会责任信息披露［D］．暨南大学博士学位论文，2009.

［29］李馨红．内部控制信息披露影响因素的实证分析［D］．浙江大学博士学位论文，2007.

［30］李玉萍，贾慧，孟宪芳．网络环境下的企业社会责任信息披露影响因素研究［J］．软科学，2009（6）.

［31］李增泉．国家控股与公司治理的有效性［D］．上海财经大学博士学位论文，2002.

［32］李增泉，余谦，王晓坤．掏空、支持与并购重组：来自我国上市公司的经验证据［J］．经济研究，2005（1）.

［33］李正．企业社会责任信息披露影响因素实证研究［J］．特区经济，2006（8）.

［34］李正．企业社会责任与企业价值的相关性研究——来自沪市上市公司的经验证据［J］．中国工业经济，2006（3）.

［35］李正．企业社会责任信息披露研究［D］．厦门大学博士学位论文，2007.

［36］李洙德．从公司治理论企业社会责任法制化［D］．中国政法大学博士学位论文，2008.

［37］李子旸.“股神”行善启示录［J］．新青年，2006（9）.

［38］理查德·乔治．经济伦理学［M］．李布译．北京：北京大学出版社，2002.

［39］林毅夫，刘明兴，章奇．政策性负担与企业的预算软约束［J］.

管理世界，2004（8）.

［40］刘冬荣，毛黎明，李世辉，颜敏. 基于企业价值的上市公司社会责任信息披露实证分析［J］. 系统工程，2009（2）.

［41］刘峰. 制度安排与会计信息质量——红光实业的案例分析［J］. 会计研究，2001（8）.

［42］刘连煜. 公司治理与社会责任［M］. 北京：中国政法大学出版社，2001.

［43］刘亚莉. 股份公司捐赠中的利益冲突与衡平［D］. 中国政法大学博士学位论文，2007.

［44］刘昱熙. 中国上市公司MD&A信息披露理论与实证研究［D］. 暨南大学博士学位论文，2007.

［45］卢代富. 企业社会责任的经济学与法学分析［M］. 北京：法律出版社，2002.

［46］罗党论，唐清泉. 中国私营上市公司制度环境与绩效问题研究［J］. 经济研究，2009（2）.

［47］马连福，赵颖. 上市公司社会责任信息披露影响因素研究［J］. 证券市场导报，2007（3）.

［48］毛洪涛，张正勇. 企业社会责任信息披露影响因素及经济后果研究述评［J］. 科学决策，2009（8）.

［49］乔尔·赫尔曼，马克·施克曼. 转轨国家的政府干预、腐败与政府被控——转型国家中企业与政府交易关系研究［J］. 经济社会体制比较，2002（5）.

［50］人民网. 10大抗震救灾中的争议话题［EB/OL］. http：//opinion. people. com. cn.

［51］任杰，梁凌. 中国政府与私人经济［M］. 北京：中华工商联合出版社，2000.

［52］山立威，甘犁，郑涛. 公告捐款与经济动机［J］. 经济研究，2008（11）.

［53］商业实践中的道德：管理道德企业［M］．哈佛商学院出版社，1989．

［54］沈洪涛．公司特征与公司社会责任信息披露——来自我国上市公司的经验证据［J］．会计研究，2007（3）．

［55］施东晖．转轨经济中的所有权与竞争：来自中国上市公司经验证据［J］．经济研究，2003（8）．

［56］宋献中，龚明晓．公司会计年报中社会责任信息的价值研究——基于内容的专家问卷分析［J］．管理世界，2006（12）．

［57］孙立平．消匿企业与社会的紧张关系［J］．新远见，2003（1）．

［58］孙铮，李增泉，王景斌．所有权性质、会计信息与债务契约［J］．管理世界，2006（10）．

［59］孙铮，刘凤委，李增泉．市场化程度、政府干预与企业债务期限结构［J］．经济研究，2005（5）．

［60］汤亚莉，陈自力，刘星，李文．我国上市公司环境信息披露状况及影响因素的实证研究［J］．管理世界，2006（1）．

［61］唐清泉，罗党论．政府补贴动机及其效果的实证研究——来自中国上市公司的经验证据［J］．金融研究，2007（6）．

［62］托马斯·唐纳森，托马斯·邓菲．有约束力的关系——对企业伦理学的一种社会契约论的研究［M］．赵月瑟译．上海：上海社会科学院出版社，2001．

［63］王红．企业的环境责任研究——基于系统辩证学的视角［D］．同济大学博士学位论文，2008．

［64］王建明．环境信息披露、行业差异和外部制度压力相关性研究——来自我国沪市上市公司环境信息披露的经验证据［J］．会计研究，2008（6）．

［65］王孔瑞．老板入党：当"资本家"遇到党支部［J］．瞭望（东方周刊），2006（9）．

［66］王曼．中国企业社会责任理论与系统研究［D］．天津大学博士学

位论文，2008．

[67] 王信川．揭秘"非公经济 36 条"出台内幕 [J]．经济，2005 (5)．

[68] 王雄元，陈文娜，顾俊．年报及时性的信号效应 [J]．会计研究，2008 (12)．

[69] 魏刚，肖泽忠等．独立董事背景与公司经营绩效 [J]．经济研究，2007 (3)．

[70] 魏水英．社会资本与私营企业危机管理 [D]．上海大学博士学位论文，2007．

[71] 温素彬，方苑．企业社会责任与财务绩效关系的实证研究——利益相关者视角的面板数据分析 [J]．中国工业经济，2008 (10)．

[72] 邬爱其，金宝敏．个人地位、企业发展、社会责任与制度风险：中国民营企业家政治参与动机的研究 [J]．中国工业经济，2008 (7)．

[73] 吴文锋，吴冲锋，刘晓薇．中国民营上市公司高管的政府背景与企业价值 [J]．经济研究，2008 (7)．

[74] 吴文锋，吴冲锋，芮萌．中国上市公司高管的政府背景与税收优惠 [J]．管理世界，2009 (3)．

[75] 肖华芳．公司治理对自愿披露影响的实证研究 [D]．华中科技大学博士学位论文，2007．

[76] 肖曙光，蒋顺才．我国 A 股市场高 IPO 折价现象的制度分析 [J]．会计研究，2006 (6)．

[77] 徐雪松．企业慈善行为研究 [D]．同济大学博士学位论文，2007．

[78] 杨瑞龙，周业安．企业的利益相关者理论及其应用 [M]．北京：经济科学出版社，2000．

[79] 杨团，葛道顺．公司与社会公益 II [M]．北京：社会科学文献出版社，2003．

[80] 于良春，余东华．中国地区性行政垄断程度的测度研究 [J]．经济研究，2009 (2)．

[81] 余明桂，潘红波．政治联系、制度环境与民营企业银行贷款［J］．管理世界，2008（8）．

[82] 张纯，吕伟．信息披露、市场关注与融资约束［J］．会计研究，2007（5）．

[83] 张帆．论转型经济中的企业社会责任［J］．湖南科技学院学报，2005（9）．

[84] 张厚义，刘平青．私企参政［J］．经济月刊，2003（11）．

[85] 张建君．竞争—承诺—服从：中国企业慈善捐款的动机［J］．管理世界，2013（9）．

[86] 张建君．外企捐款的驱动因素：一个两阶段制度模型［J］．管理世界，2011（7）．

[87] 张建君，张志学．中国民营企业家的政治策略［J］．管理世界，2005（7）．

[88] 赵颖，马连福．海外企业社会责任信息披露研究综述及启示［J］．证券市场导报，2007（8）．

[89] 赵宇龙．会计盈余披露的信息含量［J］．经济研究，1998（7）．

[90] 中国网．中国企业慈善捐赠［EB/OL］．http：//www. china. com. cn.

[91] 中华服装网．中纺协发布《中国纺织服装企业社会责任报告纲要》［EB/OL］．2008－06－25．

[92] 中华服装网．CSR－GATEs透明的美德——企业社会责任信息披露敞开大门［EB/OL］．2008－06－25．

[93] 钟宏武．正确看待慈善捐赠对企业的价值和作用［J］．WTO经济导刊，2007（7）．

[94] 钟宏武．企业捐赠作用的综合解析［J］．中国工业经济，2007（6）．

[95] 钟宏武．民众如何看待汶川大地震后的企业捐赠［J］．金融博览，2008（8）．

[96] 钟伟强，张天西. 公司治理状况对自愿披露水平的影响 [J]. 中南财经政法大学学报，2006 (1).

[97] 庄梅兰. 中外企业捐赠模式比较研究 [J]. 鞍山科技大学学报，2006 (2).

[98] 李伟阳. 基于企业本质的企业社会责任边界研究 [J]. 中国工业经济，2010 (9).

[99] 李伟阳. 基于社会资源优化配置视角的企业社会责任研究 [J]. 中国工业经济，2009 (4).

[100] 李伟阳，肖红军. 企业社会责任的逻辑 [J]. 中国工业经济，2011 (10).

[101] 李伟阳，肖红军. 全面社会责任管理：新的企业管理模式 [J]. 中国工业经济，2010 (1).

[102] 周小虎. 企业理论的社会资本逻辑 [J]. 中国工业经济，2005 (3).

[103] 卢代富. 国外企业社会责任界说述评 [J]. 现代法学，2001 (3).

[104] 田昆儒，康剑青，宋东亮. 中国社会责任会计问题研究综述 [J]. 会计之友，2007 (12).

[105] 侯壮军. 企业社会责任管理的一个整合性框架 [J]. 经济管理，2009 (3).

[106] 屈晓华. 企业社会责任演进与企业良性行为反应的互动研究 [J]. 管理现代化，2003 (10).

[107] 沈洪涛，金婷婷. 我国上市公司社会责任信息披露的现状分析 [J]. 审计与经济研究，2006 (3).

[108] 边燕杰，丘海雄. 企业的社会资本及其功效 [J]. 中国社会科学，2000 (2).

[109] 陈宏辉，贾生华. 企业社会责任观的演进与发展 [J]. 中国工业经济，2003 (12).

后 记

  时光荏苒，不经意间，毕业后参加工作已经好几年。但是，读书求学时的往事仍然历历在目，就如发生在昨天！当年，满怀对学术研究的热忱，带着对未来博士生活的憧憬，我走进了西南财经大学。还记得曾经如饥似渴学习基础课程，课堂上与同学辩论的热烈场景；周末踊跃参加学术沙龙，感受学术前沿的思想光芒；甚至和同学朝夕相处的琐碎往事也时常会闯入梦境。但是这短短三年的求学时光对我人生的影响又非常之大！

  本书是在我博士论文的基础上完善而成。忘不了当初为了选题挑灯夜战、与同学激烈争论的场景，忘不了决定选择企业社会责任领域时的犹豫不决，毕竟这个领域属于交叉学科，不仅涉及管理学，还涉及社会学、经济学甚至法学。这需要阅读大量的文献与资料，对我来说是一个相当大的挑战。开弓没有回头箭，凭着对社会责任领域的兴趣，我坚持了下来。书稿写作期间，有过思路受限的沮丧，也有过疲惫退缩的彷徨；但更难忘的是导师对书稿进展的关心，是与同学探讨后思路的豁然开朗，也是最后定稿时的莫大欢欣，也终于明白了做研究的艰辛。相信这五味俱全的心路历程将是我今后人生的宝贵财富！

  在书稿付梓出版之际，我要特别感谢我的导师，从书稿的选题、研究框架的设计到最终定稿，彭老师都给予了极大的帮助！衷心感谢河南财经政法大学会计学院的领导和同事，感谢他们对我工作上的帮助、生活上的关心。从他们身上，我不仅学到了做学问的技能，更收获了做人的道理！

衷心感谢我的家人，感谢他们多年来对我外出求学的支持。在书稿创作过程中，每当思路受限、心情沮丧时，是他们无私的关怀给了我坚持下去的勇气和努力向上的动力，我的每一点成绩都凝聚着他们的心血和奉献！

同时，由于作者水平有限，写作时间仓促，所以书中错误和不足之处在所难免，恳请广大读者批评指正！

张会芹

2014 年 8 月 22 日